株を撃て！

——株式投資の心理学

Eiken Itagaki **板垣 英憲**

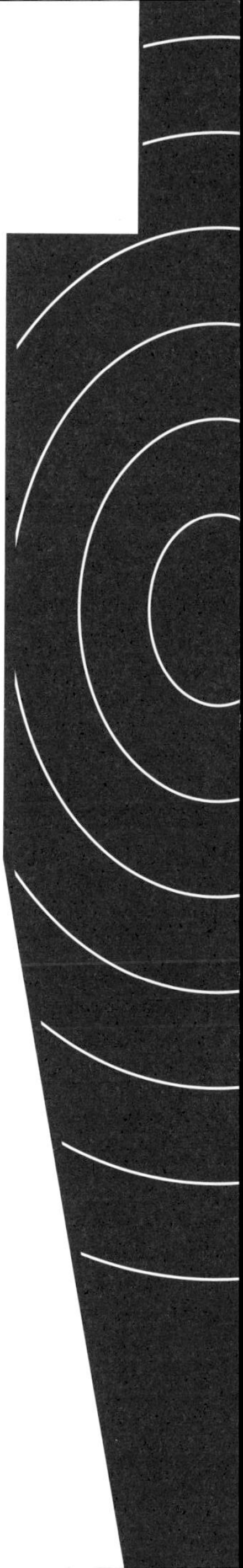

花伝社

株を撃て！——株式投資の心理学◆目次

第2章　株式投資は心理戦——景気先導株を狙え

第3章　M&A株に乗れ——否定的にとらえることは「認識のズレ」に陥る

第４章　開発株に賭けろ――五つのファクター

第5章　新・消費株で勝負せよ——株式投資のヒントは自らの「欲求」のなかに

第6章　社会的責任投資株のパフォーマンスを買え
――社会的貢献活動は二一世紀の重要なキー

第7章　名誉挽回株に期待せよ

はじめに

「人の行く裏に道あり花の山」

これは株式市場には、むかしからある有名な格言である。大勢が花見に出かける行楽地の雑踏を避けて、人が踏み込まない山に行けば、もっと奇麗な桜を堪能できるのと同じように、株式相場でも、人とは別の行動をする方が得をする。これは株式市場における「認識の違い」によってよく成し得る、いわゆる「逆張り」の手法の有効性を言い表している。

株式投資家は、「他人とつるみ」、同じ行動をとっていたのでは、勝負には絶対に勝てない。「他人の裏をかく」ことは、株式投資では、許されることであり、むしろ、「天の邪鬼」や「ヘソ曲がり」の方が、よほど勝利を得ることができる。もちろん、「根も葉もない風説」や「流言蜚語」、「ウソ情報」「ニセ情報」を流してはならないのは当然である。これらが、明らかに証券取引法違反などの犯罪になるからである。

言うまでもなく、株式投資は、かなり高度な「心理戦」である。しかも、一般の個人投資家は、目に見えない多数の投資家に対して、たった一人で戦いに臨む「孤独な戦士」に似ている。

この心理戦には、当然のこと「勝つか負けるか」、言い換えれば「儲かるか損をするか」のどちらか一つしかない。株式投資家には、個々の銘柄を「買うか売るか」、すなわち「丁か半か」

の二者択一の「判断」と「決断」が、瞬時に求められるのである。

その際、「相場観」と「読み」が当たれば、勝負に勝ち、外れれば、負ける。「心理戦」といえども、「戦争」の一形態であるから、「戦争マニュアル」は、必携であり、十二分に活用し、応用すべきであることは、言うまでもない。古代中国の武将・孫武は言う。

「算多ければ勝ち、算寡なければ負ける」(孫子の兵法)

算とは、「勝算」のことである。それも勝負に出るには、少なくとも、「七分の勝算」の確信が得られなくてはならない。「五分五分」では、勝負には出られない。

「七分の勝算」にするためには、どうすればよいか。それに「的確な相場観」に立ち、「正確な情報」を得るしかない。けれども、それだけでは、勝てない。

「人知れず情報を知る」ことが肝要であり、「隠密行動」に似ている。多くの株式投資家に知られる前、つまり「衆知」の前に知り、大勢に知れわたり、投資行動に結びつくまでの「時間のズレ」、「タイムラグ」を巧妙に投資行動に活用する。

この「時間のズレ」こそ、「認識のズレ」という「空白」を生む源である。しかし、「人知れず知る」とは言っても、「インサイダー情報」をつかむ必要はない。仮に「インサイダー情報」を得て投資行動をしたとしたら、これも「犯罪」になるのであるから、厳重に証券取引法などの法律は守らねばならない。

情報というものは、たとえ、みんなに知れ渡ったとしても、残念がるには及ばない。「価値評価のズレ」ということが生じ得るからである。同じ情報を得ていても、その意味や「価値判断」ができない株式投資家は、少なくない。だから、最後まで諦めたり、放棄したりしてはならないのである。

しかし、一口に「的確な相場観」「正確な情報」と言っても、簡単ではない。投資家が株式市場を観る目が、必ずしもしっかりしているとは限らないからである。

株式市場は、「情報のルツボ」である。経済、産業、技術などの情報ばかりではない。政治から、社会、文化、宗教、自然・気候などに関する情報に至るまでの森羅万象、ありとあらゆる情報が、「デマ」も混じりながら流れ込んでくる。

すなわち、投資資金がボリューム・アップすればするほど、情報量が増し、大洪水のように次々と押し寄せてくるのである。

これに飲み込まれないためには、投資家自身が、依って立っているポジションと座標軸をしっかりと見定め、ジャイロスコープで計測しながら、「丁半」を張っていくことが大事である。

よほど上手に投資のハンドルを操作していかなければ、またたく間に、自分自身を失い、虎の子の投資資金を失ってしまう。なかには、信用取引に狂奔して、「追証」にも迫られて、ビルの屋上や橋の上から飛び下り自殺に追い込まれる危険もある。

株価を動かすのは、「市場の動き」や「情報」に反応する投資家の「心理の動き」である。銘柄に対する「人気投票」とも言われている。

人気は、多数の投資家によって形成される「心理の塊」（集団心理）の量によって決定される。各銘柄の株価トレンドは、「人気の推移」を示し、銘柄の総体が、「日経平均株価」「東証株価指数」などによって表象される。

株式市場における投資家の「心理の流れ」は、まず「株式市場」や「個別銘柄」という事物を認識し、動きなどを認容し、投資意欲が加熱したり、減退したりし、「売買」という行動に発展するというプロセスを経る。認識とは、「知る」ということである。

株価が将来どうなるか。この結果をどう予測するか。株式投資家にとっては、「死活」問題である。断っておくけれど、予測と予想とは違う。「上がる」、「下がる」という結果発生の可能性の予想は、直観的であり、情緒的であり、これに対して、予測は科学的であることが前提になっているからである。

だが、投資家の心理を動かすのが「情報」であると言っても、これも単純ではない。「情報」には、「客観的事実」もあれば、「思惑」、「憶測」「噂」「思い込み」「錯覚」「期待」「願望」も含まれている。これらが、材料になるのだが、材料と言っても、「好材料」もあれば、「悪材料」もある。しかも、投資家にとっては、「好材料」が「好都合な材料」か「不都合な材料」か必ずしも決められない。「悪材料」は、「下げを待つ」投資家には、「好材料」となるからである。様々な情報が複雑に絡み合い、錯綜する。

こればかりではない。さらに、もっとややこしいことがある。それは、

「株式市場に対する投資家の認知は本質的にゆがんでいる」

ということである。世界を股にかけて勝負を繰り返している名うての投機家、ジョージ・ソロス（昭和五年、ハンガリー生まれのユダヤ人）が昭和六二年（一九八七）に発刊した『相場の心を読む』と題する著書のなかで明かしている言葉である。

要するに、大半の株式投資家の認識は、株式市場の実際の動きに対して、常に「ズレ」ているということである。大勢の投資家が、「ズレた認識」に基づいて投資行動を繰り返し、それによっても、株式市場が形成されていくということである。

ジョージ・ソロスは、一般投資家の「認識のズレ」を十分に承知したうえで、株式市場で起きていることをできるだけ正確に把握しようと情報を集めるなど懸命に努力し続けているという。そして、多くの投資家の認識が「ズレていればいるほど好都合」と考えて、そこを突き、勝負に出るのである。

多くの投資家が、「いまは買いだ」と読むとき、ジョージ・ソロスは、「売り」と判断する。「売り」というとき、「買い」に走る。いわゆる「逆張り」である。何のことはない。「人の行く裏に道あり花の山」と同じようなことを言っているのである。

株式投資という「心理戦」に挑むには、何を差し置いても、株式投資家は、まず「認識のズレ」をチェックし、実際の株式相場の動きをできるだけ正確に認識するよう努力する必要がある。

日本の株式市場はいま、大勢上昇相場の真只中にあり、マネーゲームの戦場の様相を呈している。それだけに株式市場の動向には、神経を尖らせなくてはならないのである。

株式投資家のだれにでも与えられている武器は、言わずと知れた「カネ」と「情報」と「機敏な判断力」である。

もうひとつ加えるとすれば、思い切りのよい「博打の才能」(博才)である。これに「天の時」が味方してくれれば、絶好調である。すなわち「タイミング」を外してはならない。折角のチャンスを逃してしまう。

世界の株式市場をひとつの舞台にして、二一世紀最初の大相場で、天に昇る龍にも似た大気流にまたがり、責色に輝く宝の玉を追い、それを手に入れたいと願う株式投資家は数限りがない。上手に龍をつかまえることができれば、たちまちのうちに巨万の富を築ける。決して夢ではないのである。うっかりすれば大金を失う危険を秘めてはいるけれど、世界の投資家にとってこれほど効率のよい資本市場はない。

本書は、一般の投資家が、相場という大河の流れや情報洪水に翻弄されないで、「正しい認識」に限りなく近づき、「認識のズレ」という「落とし穴」に落ちることなく、株式によって大儲けするための貴重な「心理作戦」やヒント、それにテクニックなども、たっぷりと珠玉のように散りばめてある。「心理戦」に必ず勝つために、ぜひフルに活用していただきたい。

最後になってしまったが、本書を執筆するにあたり、データ収集は全国マスコミ研究会代表の海野美佳さんから協力を得た。お礼を申し上げる。

本書の制作・発刊に際し、陰になり日なたになりお世話いただいた花伝社代表の平田勝氏に心より深く感謝の意を表したい。

なお、お断りしておくが、本書の記載内容は投資の判断となる情報の提供を目的としたものである。銘柄の選択、投資の最終決定は、読者自らの判断で行われるようお願いする。株式は値動きのある商品であるため、元本を保証するものではないことにも、十分留意されたい。

板垣英憲

二〇〇六年三月一日

第1章

「新しい日本の形」株を狙え――投資家は政策の大局を読め

●日本沈没がなければ相場が完全に崩壊することはあり得ない

　このところプロだけでなく、主婦などの「デイ・トレーダー」が、株式市場を賑わしている。デイ・トレーダーがよく陥り勝ちなのは、「木を見て森を見ず」の弊害に陥るたとえのように、個別銘柄の株価の激しい動きばかりに気を取られて、「上がり」「下がり」しか見えなくなることである。ときには、証券会社のミスや東証のシステム不具合などによって、特異な値動きに瞬間的に反応して、アッと言う間に「濡れ手に粟」の如く巨利をつかむことはあっても、そのようなことがたびたび起こるわけではない。

　ごく一般的、かつ常識的には、株式相場というのは、巨視的な視野と壮大な発想で見ていくのが肝要である。世界のなかの日本というスケールの大きいモノサシを持って、株式相場を占っていくのである。たとえ大暴落という危機が突然襲ってきても、日本が沈没さえしなければ相場が完全に崩壊することはあり得ない、という不動の信念が根底にあれば何も恐れるに足りない。

　日本は、米国をはじめ欧州諸国から体質の改善を強く求められ、カネ持ち国にふさわしい体制づくりに努めてきた。カネ持ち国日本という立場から株式市場自体も様変わりしてきているのである。

●国際社会での一流国にふさわしい態度が求められている

昭和二四年に東京証券取引所が再開されて以来、産業界が日本再建からさらに一流国をめざして行ってきた企業活動のあり方のうえに立ったこれまでの物の見方で株式相場を見ることがほとんど通用しなくなっている。

各企業は、これまでのようにがむしゃらに海外に進出していき、日本でつくった製品は何でも売りまくるという一方的な行動パターンは許されない。国際社会での一流国にふさわしい節度ある態度が、企業、さらに日本人に求められている。

ところが、各企業は激しい国際競争のなかにあって、輸出で稼ぐという従来の行動パターンを一気には変えられない面を持っている。トヨタ自動車、日産自動車をはじめとする自動車業界にしても、松下・日立・東芝といった電気製品メーカーなどにしても、節度を求められてもそう簡単には輸出の量を減らせるはずもない。

たとえば、自動車にしても、日本のメーカーが次々に新車を発表し送り出してくれるのでモデル・チェンジに目を取られているのが精いっぱいだったが、いまでは、外車も日本国内でよく売れる。液晶テレビ・携帯電話、パソコンに至るまで、日本のメーカーは高品質の製品を開発し、外国製品ともども乱戦模様である。

衣服にしてもそうである。フランス、イタリアなどのブランド製品が、飛ぶように売れる。医薬品や化粧品も、どんどん輸入され、消費されている。

●政策の大局を読めば銘柄が見える

日本は明治維新以来、「富国強兵」を国是として国民をリードしてきた。産業を興し、鉄や銅などの鉱業を民間に払い下げ、また全国各地の国有地を企業に売却して、その有効利用などを促してきた。

バブル経済を発生させた中曽根康弘首相は、日本電信電話公社の民営化に引き続いて国鉄の分割・民営化のほか、さらに日本航空の民営化まで断行した。国公有地も「都市の再開発」という大義名分をもって大手のディベロッパー（開発業者）などに時価よりも安い価格で売却を進めた。

こうした国の事業や国公有地を大規模に民間に移す作業は、明治以来の政治の流れ、経済の成長・発展過程のなかでも未曽有の出来事だった。

日本は、人類がこれまでに一度も経験したことのない高齢化社会と高度情報化社会に入り、産業構造も大きく変化を迫られた。産業は、鉄鋼・石油・化学といった基幹産業に支えられた従来型の構造から、ＩＣ（集積回路）やロボット、バイオテクノロジーといった先端技術が主軸になる新しい構造に向けて地殻変動を起こした。

これを受けて、労働界も再編成を迫られた。政治の面で見るならば、利権の内容が変わってきていることに伴い、既成の政治集団のあり方が問い直され、こちらも再編成に向けて動き出したのである。イデオロギーによって行動を規制される時代は終わり、技術革新をバックにした新しい行動パターンが日本人一人ひとりに求められた。

日本の株式市場が、こうした変化に鋭感に反応しないはずはなかった。日本電信電話公社がNTTと装いを新たにし、公社が独占していた通信事業を、ほかの企業が新規に営利事業として行うことが可能になった。

東京電力が、それまでの単なる「電力事業屋」から通信事業に進出するのもその一つの現れであった。通信事業の大変化が予感されるなかで、株式市場でも、多くの投資家が、「夢とロマン」を感じさせられた。

こうした経験から、株式投資のプロたちの多くは、政府がいったいどういう政策を進めようとしているのかを大きな目でしっかりと見ていかなくてはならないとの立場に立ち、大局をつかみ、大きく変化する株というものが何であるかを見つけようと努力を続けることを、いわば日常的な「基本動作」にしている。株式相場で勝つための一剣を磨くうえで、こうした壮大な発想を持つことは極めて有効だといえよう。

●小泉首相が「構造改革」に着手する

米国や欧州各国から見ると「日本は貿易黒字を増やし続けている」といったように映り不満が高まった。この不満がドルに対する円高という人為的な金融政策をとって噴出したのである。

プラザ合意により、日本、アメリカ、英国、フランス、西ドイツの五か国が為替市場に協調介入した。

円は昭和六〇年九月二二日、一ドル＝二三〇円だったのが、二〇〇円の壁をアッという間に突き破り、昭和六一年三月下旬には一気に一七〇円にまで迫る勢いを示した。株式市場のなかでは「一五〇円説」が、平気で噂されるような状況に一変していった。日本の輸出型産業は、狙い撃ちされ、日本は、世界のなかの、とくに自由陣営の一員としての行動の様式と責任とを課せられたのである。

しかし、政府も産業界も自分の力では、早急に変革し切れない弱点を持っていた。このため黒船によって開国を迫られ、第二次世界大戦後、占領軍によって「国体」を解体されたように、いままた為替の操作によって構造の変化を強行されて行った。

それが、小泉首相が平成一三年四月二六日、政権の座に就いてから、ようやく徹底的な改革、すなわち、「構造改革」に着手することになったのであった。

●首相の提示する政策に株式投資の「ヒント」が含まれている

株式投資を行う場合、これからの日本において、どんな産業や企業が有望か、あるいは大きく成長していくのかに関心を持つことが不可欠である。

その際、国家の最高指導者である首相が国民に提示する「政策」に目を向けることも心がけたい。なぜなら、「政策」のなかには、これからの日本が進むべき「新しい国の形」が示されており、株式投資に参考となる「ヒント」がたくさん含まれているからである。首相が提示する「政策」は、単なる「プログラム」に止まらず、それを実現するのに必要な「予算」を伴っている。

政府は、日本が名実ともに「真の豊かさを実感できる幸福社会」を築くために、政策を立案して、実行に移していく。政策を具体化しようとすれば、当然、民間企業の力を借りなければならない。

国の平和と安全、それに治安を堅持するには、「防衛産業」や「土木建設産業」、「セキュリティ産業」が深くかかわってくる。資金の流通が活発で経済を安定させるには、「金融（銀行・証券・保険）業界」が本来の機能を発揮し、正常な働きを続けることが必要である。資源の少ない日本は、「加工貿易」で生きていくしかない。「原材料」を海外から輸入し、加工、組み立てを経て、貿易する。「商社」が原材料を買い付け、メーカーが新商品・新製品を研究開発し、原材料を加工して、組み立て、さらに商社の仲介により、「輸送業（ロジスティックス）」が運ぶ。もちろん、消費流通業が、消費者に対する「小売」に貢献する。国民は海外旅行し、外国人は、日本の観光旅行にやってくる。文化交流が盛んになる。「空気」や「水」などがいつも清浄であるように「環境」にも配慮しなくてはならない。そこから「環境ビジネス」が生まれる。

「少子高齢社会」になり、いかに子どもを増やし、高齢者の健康を維持していくかも、大きな課題である。これに応ずる「医療健康ビジネス」が活発化してくる。

これら数々の「政策」が活性化させる「産業」、そのなかの個々の「企業の株式」を「新しい日本の形銘柄」と命名しよう。

●首相の「施政方針演説」の聞き方次第で「認識のズレ」が生まれる

国会における首相の「施政方針演説」をまるでお経のように聞き流している投資家は、少なくない。こうした態度は、普通の国民ならまだしも、投資家としては、失格である。株式投資のプロは、「施政方針演説」を「好材料の宝庫」と受け止めて耳目に神経を集中するのに対して、普通の国民には、「馬の耳に念仏」にすぎない。ここに「施政方針演説」に対する「認識のズレ」が生ずる。

また、同じ「施政方針演説」を聞いていながら、「好材料」を見つけようとするか、反対に「揚足取り」をしようとして聞くかによっても「認識のズレ」が発生するのである。

●「施政方針演説」は「好材料」の宝庫である

小泉首相は平成一八年一月二〇日、第一六四回通常国会冒頭、衆院本会議で「施政方針演説」を行い、「平成一七年度政府補正予算案」の審議を経て、「平成一八年度政府予算案」の審議に入った。首相は、平成一七年八月八日、衆院を解散し、九月一一日、総選挙を断行し、自民党が四八〇議席のうち、二九六議席を獲得して「歴史的圧勝」し、この勢いで郵政民営化関連法案を国会で可決成立させていた。この演説をしたころは、就任してすでに四年九か月経ていた。

はじめに

内閣総理大臣に就任して四年九か月、私は、日本を再生し、自信と誇りに満ちた社会を築くため、「改革なくして成長なし」、この一貫した方針の下、構造改革に全力で取り組んでまいりました。

この間、改革を具体化しようとすると、逆に「成長なくして改革はできない」、「不良債権処理を進めれば経済が悪化する」、「財政出動なくして景気は回復しない」という批判が噴出しました。道路公団民営化の考えを明らかにした時は「そんなことはできるはずがない」、郵政民営化に至っては「暴論」とまで言われました。

このような批判が相次ぐ中、揺らぐことなく改革の方針を貫いてきた結果、日本経済は、不良債権の処理目標を達成し、政府の財政出動に頼ることなく、民間主導の景気回復の道を歩んでいます。道路公団の民営化の際には、初めて高速道路料金の値下げを実施しました。一度国会で否決された郵政民営化法案は、「正論」であるとの国民の審判により成立を見ることになりました。

改革を進める際には、総論賛成・各論反対に直面し、現状を維持したい勢力との摩擦・対立が起こります。政治は、一部の利益を優先するものであってはならず、国民全体の利益を目指すものでなければなりません。郵政民営化の是非を問うた先の総選挙における国民の審判は、これを明確に示しました。これまで着実に改革を進めることができたのは、多くの国民の理解と支持があったからこそであります。

今日、日本社会には、新しい時代に挑戦する意欲と「やればできる」という自信が芽生え、改革の芽が大きな木に育ちつつあります。ここで改革の手を緩めてはなりません。私は、自由民主党及び公明党による連立政権の安定した基盤に立って、郵政民営化の実現を弾みに改革を続行し、簡素で効率的な政府を実現します。


小泉首相は「施政方針演説」のなかで、まず「日本を再生し、自信と誇りに満ちた社会を築くため、『改革なくして成長なし』、この一貫した方針の下、構造改革に全力で取り組んでまいりました」と力説した。「日本の新しい国の形」とは明言してはいなかったが、それでも「それらしい形」を示唆していた。

しかし、この冒頭部分の演説が示しているような、小泉首相の「構造改革」を「批判的」に受け止める勢力がいることは当然である。自民党内でも「抵抗勢力」というレッテルが貼られた人々がおり、また民主党などの野党は、立場上、どうしても「批判的」、あるいは、「否定的」になるのも当然である。だが、株式投資家の立場では、評論家のように批判的にばかり受け止めていては、「好材料」を発見することはできない。

道路公団民営化にしろ、郵政民営化にしろ、中曽根首相が国鉄や電電公社を民営化した後に、民間会社となり、「株式上場」を果たせば、そのときは、新規上場株の売り出しという絶好のチャンスをつかめるからである。この意味で、早いうちから、関心を持って「そのとき」に備えておくべきなのである。

【銘柄選定のポイント】

日本郵政公社は平成一九（二〇〇七）年の郵政民営化を控え、企業との業務提携などで物流事業を強化。平成一六（二〇〇四）年にコンビニエンスストアのローソン〈２６５１〉と提携しているほかサークルＫサンクス〈３３３７〉、ａｍ／ｐｍジャパンなどと提携話が進んでいる。三越〈２７７９〉と共同事業会社の設立へ、「平成一七（二〇〇五）年大手百貨店・大丸〈８２３４〉の物流子会社を買収、平成一八（二〇〇六）年春の国際物流事業参入を目指しオランダの物流大手・ＴＮＴ（旧ＴＰＧ）と提携済みと動いている。郵政民営化により潤う企業が出現したのである。これに対して、郵政事業への参入に意欲的だった「ヤマトホールディングス〈９０６４〉」は、反撃態勢を取りつつある。

●小泉首相の「現代版・民間活力活用」政策が景気に刺激を与える

簡素で効率的な政府の実現

政府の規模を大胆に縮減するには、国・地方を通じた公務員の総人件費削減、政府系金融機関や独立行政法人などの改革、政府の資産・債務管理の見直し、特別会計の整理合理化は避けて通れません。これらの改革の基本方針を定めた行政改革推進法案を今国会に提出し、成立を期します。

公務員の総人件費を削減いたします。現在六九万人の国家公務員について、今後五年間で五パーセント以上減らします。横並び・年功序列の給与体系を抜本的に改めるとともに、給与水準も民間の給与実態に合わせたものとなるよう見直します。

政府系金融機関の改革については、民業補完の原則を徹底します。残すべき機能は中小零細企業や個人の資金調達支援、重要な海外資源の獲得や国際競争力の確保に不可欠な金融、円借款の三分野に限定し、八つの機関の統廃合や完全民営化を実現いたします。

庁舎・宿舎などの国有財産を有効に活用するため、民間への売却や貸付けを進めてまいります。

道路特定財源については、現行の税率を維持しつつ、一般財源化を前提に、見直しを行います。

公共的な仕事や公益の追求は、国だからできて民間では難しいという、これまでの考え方から脱却し、役所より民間に任せた方が効果的な分野については、「官から民へ」の流れを加速します。官民の競争を通じて優れたサービスを提供する「市場化テスト」を実施したところ、ハローワークの就職支援、社会保険庁の国民年金保険料の収納事業、刑務所の周辺警備の三分野で、一二〇社を超える入札がありました。本格的導入を内容とする法案を提出し、住民票の写しや戸籍謄本の窓口業務、統計調査の業務など対象の拡大を図ります。公益法人制度については、明治以来一〇〇年ぶりに抜本的な見直しを行い、役所の許可を廃止し登記による設立に改めることなどを内容とする法案を国会に提出します。

「国から地方へ」、この方針の下、地方の意見を真摯に受け止め、三兆円の税源移譲、地方交付税の見直し、四兆七〇〇〇億円の補助金改革を実施いたします。

三二〇〇あった市町村が、今年度末には一八〇〇になります。これに伴い、市町村の議員数は一万八〇〇〇人減ります。引き続き市町村合併を推進するとともに、北海道が道州制に向けた先行的取組となるよう支援いたします。

来年度予算においては、一般歳出の水準を今年度以下にするとともに、新規国債発行額を削減し三〇兆円以下に抑えました。景気対策の一環として導入した定率減税は経済情勢を踏まえ廃止します。本年六月を目途に、歳入、歳出を一体とした財政構造改革の方向についての選択肢及び工程を明らかにし、改革路線を揺るぎないものといたします。公正で活力ある社会にふさわしい税制の実現に向け、国民的な議論を深めながら、消費税、所得税、法人税、資産税など税体系全体にわたって、あらゆる角度から見直しを行ってまいります。

政府系金融機関について、「八つの機関の統廃合や完全民営化を実現」すれば、新たな民間金融機関が誕生し、既存の民間金融機関との競争が激化する可能性があるけれど、それにもまして、従来、政府系金融機関に集まっていた資金が民間に流れるようになるので民間金融機関にとってはプラスの恩恵を受ける。

「庁舎・宿舎などの国有財産を有効に活用するため、民間への売却や貸付け」するという計画からは、中曽根首相が、景気押し上げを念頭に置き、「都市再開発」を促そうとして大蔵省（現・財務省）理財局長に命じて「国公有地」をリスト・アップさせ、民間の不動産会社（主に、住友不動産、三井不動産、森ビル）に払い下げを実施したところ、東京都心や全国主要都市で「地上げ」が活発化し、「地価高騰」を招き、「経済がバブル化」したことが想起される。不動産、建設、鉄鋼の各業界が潤った。同時に、「資金面」からは、金融・証券各社も大きく貢献した。当時、市中に「カネ余り現象」が起きており、中曽根首相は、この資金の活用を促すため「民間活力の活用」政策を推し進めた。

これに対して、小泉首相は、民間金融機関の資金を利用する「ＰＦＩ方式」による公的機関の建設に熱心だったので、この方式がさらに進められていくはずである。「現代版・民間活力の活用」である。この政策が景気に刺激を与えるのは間違いない。
「ハローワークの就職支援、社会保険庁の国民年金保険料の収納事業、刑務所の周辺警備の三分野で、一二〇社を超える入札」という発言からは、すでに人材派遣業や警備保障会社が恩恵を得ていることが窺われる。

【銘柄選定のポイント】

①金融・証券業界＝みずほ銀行〈みずほフィナンシャルグループ・8411〉、東京三菱ＵＦＪ銀行〈東京三菱ＵＦＪフィナンシャル・グループ・8306〉、三井住友銀行〈三井住友フィナンシャルグループ・8316〉、りそな銀行〈りそなホールディングス・8308〉
②不動産業界＝住友不動産〈8830〉、三井不動産〈8801〉
③建設業界＝鹿島建設〈1812〉、清水建設〈1803〉
④鉄鋼業界＝新日本製鉄〈5401〉
⑤人材派遣業界＝パソナ〈4332〉
⑥警備保障業界＝セコム〈9735〉、綜合警備保障〈2331〉

●「環境立国」「観光立国」の推進が大きく貢献する

経済の活性化

主要銀行の不良債権残高はこの三年半で二〇兆円減少し、金融システムの安定化が実現した今日、「貯蓄から投資へ」の流れを進め、国民が多様な金融商品やサービスを安心して利用できるよう、法制度を整備します。どの町も村も、独自の魅力を持っているはずです。地域や街の潜在力を引き出し、日本あるいは世界の中で一流の田舎や都市になろうとする意欲を支援してまいります。

既に七〇〇件を超える構造改革特区が誕生しました。特区第一号に認定された姫路市では、廃棄されたタイヤを再資源化する事業に対し役所の許可を不要としました。

今や姫路市は、環境・リサイクル産業の集積地に変貌しつつあります。このほか幼稚園と保育所の一体的運用など、五三の規制緩和の特例を全国に拡大しました。

三年前には五〇〇万人だった外国人旅行者は、昨年、「愛・地球博」の開催や韓国・台湾に対する査証免除措置などにより、七〇〇万人に迫る勢いです。ビジット・ジャパン・キャンペーンなどにより、二〇一〇年までに外国人旅行者を一〇〇〇万人にする目標の達成を目指します。

外国からの日本への投資を五年間で倍増させる計画は、着実に進展しています。北海道でスキー観光客向けのリゾート事業を始めたオーストラリアの企業、デジタル家電の研究開発拠点を設けたアメリカ企業など、外国からの投資は、地域の活性化や雇用の拡大につながるとともに技術に新たな刺激を与え、我が国にとって歓迎すべきものであります。更に大きな目標を掲げて、一層の投資促進を図ってまいります。

中心市街地の空洞化に歯止めをかけ、高齢者でも暮らしやすい、にぎわいのある街を再構築してまいります。

新産業の創造には、高い技術力によりモノづくり基盤を支えている中小企業の存在が欠かせません。東京墨田区にある従業員六名の町工場は、針先をミクロン単位まで細くすることで痛くない注射針を開発するなど、「不可能を可能にするモノづくりの駆け込み寺」と呼ばれています。独創的な技術を持っている人材の確保・育成、新事業への挑戦支援など、やる気のある中小企業を応援してまいります。また、国際競争力の強化、生産性の向上、地域経済の活性化などを目指した新たな成長戦略の在り方を夏までに示します。

世界的な日本食ブームやアジア諸国の生活水準の向上を背景に、リンゴやイチゴ、長芋、コシヒカリ、アワビなど日本の農水産物が海外で高級品として売れています。北海道と青森県のホタテ加工業者は、五年以上かけＥＵの厳しい衛生管理審査に合格して輸出を始め、昨今はアメリカ、韓国へ販路を拡大しています。意欲と能力のある経営に支援を重点化し、「攻めの農政」を進めます。

市場における公正な競争を確保するため、改正された独占禁止法に基づき、違反行為には厳正に対処します。

「地域や街の潜在力を引き出す」「高齢者でも暮らしやすい、にぎわいのある街を再構築」は、新たな地域づくりが進められる。「廃棄されたタイヤを再資源化する事業に対し役所の許可を不要」は、環境ビジネスの活性化が図られる。「環境立国」の推進である。

また、「新産業の創造」は、「モノづくり」の面から大企業も支えられる。「二〇一〇年までに外国人旅行者を一〇〇〇万人にする目標の達成を目指す」は、「観光立国」という国策の推進である。「攻めの農政」は、株式会社による農業への参入が促される。これらの政策が、景気押し上げに貢献するだろう。

【銘柄選定のポイント】

①建設、不動産業界＝鹿島建設〈1812〉、清水建設〈1803〉、住友不動産〈8830〉

②環境産業＝三菱重工業〈7011〉、日立造船〈7004〉、タクマ〈6013〉

③観光業界・印刷業界＝近畿日本ツーリスト〈9726〉、全日本空輸〈9202〉、凸版印刷〈7911〉

④農業参入業界＝パソナ〈4332〉、NTT〈9432〉、日立製作所〈6501〉、NEC〈6701〉

●小泉首相が「環境利権」を政治的影響下に置いている

暮らしの安心の確保

社会保障制度を将来にわたり揺るぎないものとしていくため、給付と負担の在り方などを含め制度全般を見直し年金、介護に続き、本年は医療制度の改革を進めます。

国民皆保険を堅持しつつ、患者本位で持続可能な医療制度となるよう、予防を重視し、医療費の適正化に取り組むとともに、高齢者の患者負担の見直しや診療報酬の引下げを行います。七五歳以上の高齢者の医療費を世代間で公平に負担する新たな制度の創設、都道府県単位を軸とした保険者の再編・統合を目指します。

年金制度に対する国民の信頼を確保するため、国民年金の未納・未加入対策を強力に推進するとともに、社会保険庁については、年金と医療保険の運営を分離し、それぞれ新たな組織を設置するなど解体的出直しを行います。また、厚生年金と共済年金の一元化に取り組みます。

昨年は、出生数が一一〇万人を下回り、戦後初めて人口が減少すると見込まれています。少子化の流れを変えなくてはなりません。就任時に表明したとおり、昨年度末までに保育所の受入児童を一五万人増やしました。それでもまだ足りない現状を踏まえ、引き続き「待機児童ゼロ作戦」を推進いたします。昨年度末には、小学生が親の帰宅までの間、安心して過ごせる場としての放課後児童クラブを、目標どおり一万五〇〇〇か所整備しました。さらに、経験豊かな退職者や地域の力を借りて、多様な放課後児童対策を展開いたします。子育て期の経済的負担の軽減を図るために児童手当を拡充するとともに育児休業制度の普及など企業や地域のきめ細かな子育て支援を進め、子育ての喜びを感じながら働き続けることができる環境を整備してまいります。

本年度、審議会等における女性委員の割合を三割にする、という目標を達成しました。二〇二〇年までに社会のあらゆる分野において、指導的立場に女性が占める割合が三割となることを目指し、いったん家庭に入った女性の再就職を支援するなど、昨年末に改めて策定した男女共同参画基本計画を推進します。

多くの健康被害が発生しているアスベスト問題に迅速に対処するため、既存の制度では補償を受けられない被害者を救済するための法案を提出するとともに、アスベストの早期かつ安全な除去など被害の拡大防止に取り組みます。

鳥インフルエンザの脅威に対しては、資金協力や専門家派遣などの国際支援を行うとともに、治療薬の備蓄、ワクチンの開発と供給を進めてまいります。

昨年一二月、科学的知見を踏まえ、アメリカ産牛肉の輸入を再開しました。消費者の視点に立って、食の安全と安心を確保してまいります。

今年の春に日本司法支援センターを設立し、秋には全国で業務を開始します。どこでも気軽に法律相談をできるよう、国民に身近で頼りがいのある司法を実現いたします。

「環境利権」は、長らく橋本龍太郎元首相が支配していた。橋本元首相が、衆院議員を引退したいま、「環境利権」は、小泉首相の政治的影響下にある。

環境庁は昭和四六（一九七一）年七月一日に厚生省や通産省、環境庁の三省庁にまたがってきた環境行政を一本にまとめて誕生した。これを「環境族のドン」である橋本龍太郎首相が在任中、「省」に昇格させた。

橋本元首相は平成四年二月に発足した自民党環境基本問題懇談会の会長に就任し、環境族のドンの地位を確立し、公害防止機器や施設を製造している日本の企業を一手に牛耳っていた。いまや「ゴミ」は、「政治問題」である。このため日立造船や荏原製作所などのほか、近年では軍事産業のトップ・メーカーである三菱重工業まで廃棄物処理施設の製造に熱心に取り組んでいる。それが世界規模で展開できるとなれば、莫大な利権を支配できる。公害防止機器や施設の開発において世界の最先端を走っている日本は、ゴミ処理を大きな産業として確立している。

「アスベスト問題に迅速に対処」は、小泉首相が「被害者対策」に力を入れていくとの決意表明だが、全国各地でアスベストを使用している建物がたくさんあり、その改善作業は、いまや大規模になっている。

また、「鳥インフルエンザの脅威」「治療薬の備蓄、ワクチンの開発と供給」は、緊急を要するテーマである。

【銘柄選定のポイント】
①環境産業＝日立造船〈7004〉や荏原製作所〈6361〉、三菱重工業〈7011〉。
②製薬業界＝中外製薬〈4519〉〔タミフルを発売＝製造元は、スイスの「ロシュ・グループ」〕

●「テロの未然防止」「耐震構造」が、「材料」になる

国民の安全の確保

「世界一安全な国、日本」の復活は、今後も内閣の最重要課題であります。一昨年四月に二〇〇〇か所あった空き交番は、一年間で七〇〇か所解消しました。平成一九年春までの三年間に「空き交番」をゼロにします。犯罪を起こした者が再び罪を犯す例が後を絶ちません。再犯防止に向け、情報の共有化など関係機関のより緊密な協力体制を構築してまいります。

増加している外国人犯罪に対処するため入国時に指紋による審査を導入するとともに、警察と入国管理当局の連携を強化して、二五万人と推定される不法滞在者を平成二〇年までに半減することを目指します。

テロの未然防止を図るため、情報の収集・分析、重要施設や公共交通機関の警戒警備等の対策を徹底いたします。

新宿歌舞伎町を始めとする繁華街や一般の住宅地においては、地域住民による防犯活動が活発化しており、二年前には三〇〇〇だった防犯ボランティア団体が一万四〇〇〇に増え、八〇万人が自主的にパトロールを行っています。小さな子供たちを犯罪から守るため、警察や学校だけでなく、ＰＴＡや地域住民とも連携して、登下校時の警戒強化、不審者情報の共有などを進めます。

昨年末に決定された基本計画により、犯罪被害者や遺族が一日も早く立ち直り安心して生活できるよう支援いたします。

一時期一万七〇〇〇人に及んだ交通事故死者数は、昨年、半世紀ぶりに六〇〇〇人台に下がりました。五〇〇〇人以下にすることを目指して交通安全対策を進めるとともに、公共輸送についても、安全管理体制の構築を推進します。

先月に入ってから、寒波や大雪により、各地で被害が発生しています。民家の雪下ろしや雪崩の警戒強化、交通や電力の確保、食料品や石油製品の安定供給などの生活支援に万全を期してまいります。

耐震強度の偽装事件は、住まいという生活の基盤への信頼を土台から崩すものであります。マンションの居住者及び周辺住民の安全を最優先に、居住の安定確保に努めるとともに、国民の不安を解消するため、実態を把握し、書類の偽造を見抜けなかった検査制度を点検し、再発防止と耐震化の促進に全力を挙げます。

「テロの未然防止」では、とくに金属探知機など「センサー技術」に優れたメーカーが注目の的になる。「登下校時の警戒強化、不審者情報の共有」は、警備保障業界に新たな仕事を提供している。「スクール・バスによる送迎」が完備されれば、父母や保護者、教師にとって、もっと安心感を与える。

「民家の雪下ろしや雪崩の警戒強化、交通や電力の確保、食料品や石油製品の安定供給などの生活支援」は、豪雪地帯の土木建設業に仕事を与えている。電力確保は、東京電力や北陸電力、東北電力への期待を膨らませている。

また「マンションの居住者及び周辺住民の安全を最優先に、居住の安定確保」は、「耐震構造」のしっかりした建設業界への期待が高まっている。これらは、株式投資の「材料」になっている。

【銘柄選定のポイント】

センサー技術と言えば、オムロン〈6645〉がトップである。「耐震構造」がしっかりした建設にかけては、清水建設〈1803〉が定評がある。

●「文化立国」「知的所有権保護」に力を入れている

「人間力」の向上と発揮

今後の日本を支えていくのは「人」であります。「物で栄えて心で滅ぶ」ことのないよう、新しい時代を切り拓く心豊かでたくましい人材を育てていかなければなりません。

教育基本法については、国民的な議論を踏まえ、速やかな改正を目指し、精力的に取り組んでまいります。

「社会の中で子供を健やかに育てる」との認識に立ち、学校だけでなく、家庭や地域と連携しながら、体験活動や触れ合い交流を通じて命の尊さ、社会貢献の大切さを教え、道徳や規範意識を身に付けることを促します。

豊かな心と健やかな体の育成に、健全な食生活は欠かせません。食育推進基本計画を策定し、食生活の改善に加え、我が国の食文化の普及、地元の食材を使った給食の推進など、食育を国民運動として展開してまいります。

教育現場の創意工夫を促すとともに、習熟度別の指導、学校の外部評価、保護者や地域住民の学校運営への参画、学校選択制の普及を通じて、教育の質の向上を図ります。

国民に夢と感動を与えるトップレベルのスポーツ選手を育成するとともに、国民が生涯を通じてスポーツに親しめる環境を整備いたします。

定職に就かず臨時的に仕事に従事しているフリーターや、学業・仕事・職業訓練いずれにも就かないニートと呼ばれる人が増加しています。民間の力を活用して研修を全国で実施するなど、若者の就業を支援します。

文化・芸術は、国の魅力を世界に伝えるだけでなく、多様な価値観を有する世界各国の間をつなぐ架け橋になると信じます。伝統文化ばかりでなく、映画やアニメ、ファッションなど我が国の文化・芸術は世界で高く評価され、多くの人々を魅了しています。新進気鋭の人たちによる創作活動を支援したり、子供たちに我が国の文化・芸術を体験させたりする活動を充実するとともに、「日本ブランド」を育成し国内外に広く発信してまいります。模倣品・海賊版の取締強化や特許審査の迅速化など、知的財産を創造し、保護・活用するための基盤を整備します。


「新進気鋭の人たちによる創作活動を支援」は、「文化立国」としての国際的地位を高めるのは、確実である。

「模倣品・海賊版の取締強化や特許審査の迅速化」「知的財産を創造し、保護・活用するための基盤を整備」では、とくに中国人や中国企業に対する予防、防止対策に日本のメーカーは頭を悩している。特許権、商標権、意匠権、著作権、不正競争防止法上の「企業機密」の保護に小泉政権は、力を入れている。

【銘柄選定のポイント】
歌舞伎座〈9661〉、まんだらけ〈2652〉が注目される。また、「コンテンツ制作会社」にも光が当てられる。

●「科学技術創造立国の実現」が日本の将来を決定する

将来の発展基盤の整備

科学技術の振興なくして我が国の発展はありません。「科学技術創造立国」の実現に向け、国全体の予算を減らす中、科学技術の分野は増額し、第三期基本計画を策定して研究開発を戦略的に実施してまいります。

大学発ベンチャー企業は一一〇〇社を超え、地域と協力しながら、まちづくりや地域再生の核となっている大学も現れています。沖縄に科学技術大学院大学を設立するため、法人を立ち上げました。世界最高水準を目指し、教員・学生の半分以上を外国から迎えるとともに、アジアなど海外の大学との連携を図ってまいります。

就任時に約束したとおり、政府の公用車をすべて低公害車に切り替えました。今やペットボトルの六割以上が回収され、その大半がシャツや風呂敷、卵パックなどに生まれ変わっています。物を大切にする「もったいない」という心と科学技術の力を結び付け、「ゴミを減らし、使える物は繰り返し使い、ゴミになったら資源として再利用する社会」を実現し、環境保護と経済発展の両立を図ります。

原油価格の高騰が続いていますが、今日の世界情勢を踏まえ安全保障の観点から石油や天然ガスの安定供給の確保、省エネルギーの一層の促進、新エネルギーの開発、安全を大前提とした原子力発電の推進に取り組んでまいります。

我が国にとって京都議定書で約束した目標を達成することは容易ではありません。人類を脅かす気候変動問題の解決に向け、昨年策定した計画を官民挙げて着実に進めます。すべての国が行動を起こし、世界が一つになって温暖化対策を進めていくことができるよう、アメリカ、中国、インド等も参加する共通ルールの構築に向け、主導的な役割を果たしてまいります。

我が国は、この四年半で、高速インターネットの加入者数が八五万から二二〇〇万人へ、インターネットを使った株式取引の割合が六パーセントから二九パーセントへそれぞれ急成長し、世界で最も低い料金で素早く多くの情報に接することができる「世界最先端のＩＴ国家」となりました。「ＩＴ新改革戦略」に基づき、診療報酬明細書の完全オンライン化や役所に対する電子申請の利用拡大などを進め、高い信頼性と安全性が確保され、国民一人ひとりがＩＴの恩恵を実感できる社会をつくってまいります。

「科学技術創造立国の実現」は、日本の将来を決定する重要な政策である。

内閣府の総合科学技術会議は平成一七（二〇〇六）年六月一六日「平成一八年度の科学技術に関する予算、人材等の資源配分の方針」をまとめ、これを受けて小泉政権は、予算を編成している。このなかで、「現状認識と科学技術の役割」について、総合科学技術会議は、以下のように述べている。

「近年において生じた注目すべき国際的環境の変化は、世界的な科学技術競争の激化であり、中でも、中国・韓国等アジア諸国で著しい経済的躍進がみられる。国内的には、科学技術と国民意識の間のギャップが依然として存在し、また、生活面での安全性や安心感、心の豊かさは強く求められているが、他方で科学技術の急速な進歩に対する不安も少なくない。

今後の内外情勢の展望としては、国内的には、人口構造の変化の影響が今後ますます顕著となっていくことは確実であり、いわゆる少子高齢化がもたらす課題を解決していく上で、科学技術は不可欠であり、今後ますます社会・国民の大きな期待を担い、同時に責任を負うことになる。

更に、環境問題などの地球規模での課題は、これまで様々な努力により解決が試みられてきたのは事実であるが、今後一層深刻化が予想され、人類社会が持続可能な発展を遂げうるかどうかが問われている。日本の有する科学技術をこうした課題解決のために役立て、人類社会に貢献していくことは、高い科学技術を有する日本に今まで以上に求められることになる。世代を超え、我が国が人類社会の中で価値ある存在としてあり続けるためにも、自然科学から人文・社会科学にわたる広範な科学技術の役割は欠かせない」

総合科学技術会議は、研究開発の重点分野について「エネルギー、製造技術、社会基盤、フロンティアの五つの科学技術」を示している。

小泉首相は「安全保障の観点から石油や天然ガスの安定供給の確保、省エネルギーの一層の促進、新エネルギーの開発、安全を大前提とした原子力発電の推進」と「IT新改革戦略に基づき、診療報酬明細書の完全オンライン化や役所に対する電子申請の利用拡大」を掲げて、総合科学技術会議の方針に先駆けて具体化できるものから政策として実現しようとしている。

●「防衛産業」は、「国防版・公共事業」である

外交・安全保障

「国際社会において、名誉ある地位を占めたいと思ふ」、この憲法前文の精神を体して、戦後、我が国は自由と民主主義を守り、平和のうちに豊かな社会を築いてまいりました。今後も、日米同盟と国際協調を外交の基本方針として、いかなる問題も武力によらずに解決するとの立場を貫き、世界の平和と安定に貢献してまいります。

在日米軍の兵力の構成見直しに当たっては、抑止力の維持と沖縄を始めとする地元の負担軽減の観点から、関係自治体や住民の理解と協力が得られるよう、全力を傾注いたします。

テロとの闘い、貧困の克服、感染症対策など国際社会が抱える問題に対して、ＯＤＡの戦略的活用や人的貢献により、日本も積極的に協力してまいります。国連が効果的に機能するよう、安全保障理事会を含めた国連の改革に取り組みます。

イラク国民は、自らの手で平和な民主国家をつくり上げようと、テロに屈せず懸命に努力しています。二年にわたるサマーワでの自衛隊員の献身的な活動は、医療指導や住民への給水に加え、多くの学校や道路の改修など多岐に渡っており、我が国自衛隊は、日本国民の善意を実行する部隊として、現地から高い評価と信頼を得ております。現地情勢と国際社会の動向を注視しつつ自衛隊員の安全確保に万全を期しながら日本は国際社会の責任ある一員として、イラクの国づくりを支援してまいります。

先月、国連総会で、北朝鮮の人権状況を非難する決議が初めて採択され、拉致問題の解決の必要性が国際社会において広く認識されました。北朝鮮との間では、平壌宣言を踏まえ、拉致、核、ミサイルの問題を包括的に解決するため、関係国と連携しながら粘り強く交渉してまいります。

ロシアとの間では、北方四島の帰属の問題を解決して平和条約を早期に締結するとの基本方針の下、様々な分野における協力を拡大いたします。

中国、韓国とは、経済、文化、芸術・スポーツなど幅広い分野において、いまだかつてないほど交流が盛んになっています。中国はアメリカを抜いて我が国最大の貿易相手国となり、四〇年前の国交正常化当時は年間一万人だった日韓の人の交流は今や一日一万人を超えています。一部の問題で意見の相違や対立があっても、中国、韓国は我が国にとって大事な隣国であり、大局的な視点から協力を強化し、相互理解と信頼に基づいた未来志向の関係を築いてまいります。

先月、開催された東アジア首脳会議では、多様性を認め合いながら、自由と民主主義を尊重し、貿易の拡大、テロの根絶、鳥インフルエンザ対策などに協力して取り組み、開かれた「東アジア共同体」を目指すことで一致しました。アセアン諸国の地域統合を支援するとともに、アジア・太平洋諸国との友好関係を増進してまいります。

WTO新ラウンド交渉は成功させなければなりません。日本は、後発の開発途上国から輸入する産品の関税を原則撤廃するとともに、途上国が新たな市場を開拓できるよう支援いたします。

昨年一二月、マレーシアと経済連携協定に署名しました。更にアジアを始め各国との協定締結に向け、精力的に取り組みます。

我が国周辺の大陸棚及び海底資源の調査を進め、海洋権益の確保に万全を期してまいります。テロや弾道ミサイル等の新たな脅威や緊急事態に対して、国や地方、国民が迅速かつ的確に行動できるよう、国民保護法に基づき、有事における態勢を整備します。

自民党は「防衛利権」を掌握し、三菱重工業など防衛産業の大手企業ににらみを効かせている。ロシア（旧ソ連）に代わって、朝鮮民主主義人民共和国（北朝鮮）が、東アジア地域の新しい軍事的脅威となってきているなかで、戦車や自衛艦・護衛艦、戦闘機などの武器を調達する防衛予算は、公共事業の「国防版」である。すなわち、国道や高速道路、橋梁、ダム、公園、砂防工事などの建設予算と同様に、政府が発注する公共事業予算の一種である。だが、国民の目に触れやすい建設工事と違って、このことは、一般には明確に意識されていない。この防衛予算は、軍事組織の自己増殖という習性を持っている。このため、防衛産業にとっては、「楽に得られる請負仕事の収入」であるだけに、安定経営が保障される。たいしてコストもかけず、営業努力もほとんど要しない「美味しい既得権益」となっている。この予算を安定的に確保して、三菱重工業や川崎重工業、石川島播磨重工業など防衛産業を潤している。

【銘柄選定のポイント】

「平和立国株」（防衛産業銘柄）は、三菱重工業〈7011〉や川崎重工業〈7012〉、石川島播磨重工業〈7013〉、日立製作所〈6501〉など。

むすび

象徴天皇制度は、国民の間に定着しており、皇位が将来にわたり安定的に継承されるよう、有識者会議の報告に沿って、皇室典範の改正案を提出いたします。

戦後六〇年を経て、憲法の見直しに関する議論が各党で進んでいます。新しい時代の憲法の在り方について、国民とともに大いに議論を深める時期であります。憲法改正のための国民投票の手続を定める法案については、憲法の定めに沿って整備されるべきものと考えます。

我が国は、明治維新以降、幾たびか国家存亡の危機に立たされました。戦後の平和な時期においても、二度の石油危機、円高ショック、あるいは阪神・淡路大震災を始めとする大災害など、経済と国民生活の根幹を揺るがす危機に見舞われました。しかしながら、先人たちはいずれの難局をも克服し、日本は今日まで発展を遂げてまいりました。

いつの時代においても、高い志を抱いて行動する人々が大きな役割を果たしています。先の総選挙では、経歴や学歴にかかわらず、政治を変えたいという志ある人が何人も国会議員に当選しました。欧米諸国で日本食を広めている料理人、フランスでワイン醸造を始めた女性など、海外の様々な分野で日本人が活躍しています。また、外国人が日本に来て、廃業寸前の造り酒屋を再建し町おこしに貢献したり、老舗旅館の女将となり地域の温泉地を国内外に広めるなど、生き生きと活動している例も多く見られます。国技である相撲では、朝青龍や琴欧州の外国人力士が活躍する一方、野球の本場アメリカでは、野茂、イチロー、松井、井口選手などが大リーガーとして立派な成績を上げています。皆、志を持って挑戦し、懸命に努力し、様々な試練を克服して夢と希望を実現しています。

我々には、難局に敢然と立ち向かい困難を乗り越える勇気と、危機を飛躍につなげる力があります。先人たちの築き上げた繁栄の基盤を更に強固にし、新しい時代、激動する内外の環境変化に対応できる体制を構築しなければなりません。

幕末の時代、吉田松陰は、「志士は溝壑（こうがく）に在るを忘れず」、すなわち志ある人は、その実現のためには、溝や谷に落ちて屍をさらしても構わないと常に覚悟している、という孔子の言葉で、志を遂げるためにはいかなる困難をも厭わない心構えを説きました。

私は、「改革を止（と）めるな」との国民の声を真摯に受け止め、明日の発展のため、残された任期、一身を投げ出し、内閣総理大臣の職責を果たすべく全力を尽くす決意であります。国民並びに議員各位の御協力を心からお願い申し上げます。

第2章

株式投資は心理戦

――景気先導株を狙え

●「景気変動」をよく知れば勝ち、よく知らなければ負ける

今回の大勢上昇相場は、平成一四（二〇〇二）年秋ごろから始まっている。「戦後三回目の好況期」に突入している。この大勢上昇相場は、「平成二一（二〇〇九）年末ごろ」に「ピーク」に達する。平成二四（二〇一二）年夏ごろ終わり、また、不況期に入っていくはずである。

孫子の兵法の「算多ければ勝ち、算寡なければ負ける」という言い方になぞらえれば、株式投資においては、「景気変動」をよく知れば勝ち、よく知らなければ負ける。

日本は、明治維新を経て近代資本主義社会に仲間入りした。同時に激しく上下運動を繰り返している「景気変動」の荒波のなかに入り、とくに経営者はこれに日々、悩まされることを意味している。この荒波を乗り越えられるか、巻き込まれて倒産に追い込まれるかの「二者択一」を迫られるのである。景気変動を上手に乗り切れれば「勝ち組」となり、失敗すれば、「負け組」となり、落伍してしまう。

●株式投資は「心理戦」である

重ねて言うが、一般の個人投資家は、目に見えない多数の投資家に対して、たった一人で戦いに臨む「孤独な戦士」に似ている。

「はじめに」で述べたように、株式投資は、「心理戦」である。この心理戦には、「勝つか負けるか」、言い換えれば「儲かるか損をするか」のどちらかしかない。投資家には、個々の銘柄に対して、

「買うか売るか」、すなわち「丁か半か」の二者択一の「判断」と「決断」が、瞬時に求められる。その際、「相場観」と「読み」が当たれば、勝負に勝ち、外れれば、負ける。それも勝負に出るには、少なくとも、「七分の勝算」の確信が得られなくてはならない。「五分五分」では、勝負には出られない。

「七分の勝算」にするためには、どうすればよいか。それに「的確な相場観」に立ち、「正確な情報」を得るしかない。

しかし、一口に「的確な相場観」「正確な情報」と言っても、簡単ではない。投資家が株式市場を観る目が、必ずしもしっかりしているとは限らないからである。

●景況観に「認識のズレ」があると大失敗する

「景気一〇年サイクル説」に基づき「現在位置」をよく認識しておく必要がある。株式市場の動きについて「認識のズレ」を持ったまま参戦すると、大失敗するのは、必定である。個々の銘柄を選定する前に、株価の位置をよく確認し、相場全体について十分承知しておかなくてはならない。

すなわち、日本経済や世界経済の動向に目を凝らし、「日経平均株価の推移」をしっかり把握し、現在の位置を注意深く確認して、「正しい相場観」を持ち、相場の流れをよく見極めてから、個別銘柄へと進むのである。

何事も始めが肝心である。準備万端整えて、「石橋を叩いて渡る」姿勢で慎重のうえに慎重を期してから戦闘に入るのがよい。株式市場の格言「始めを慎む（始めに慎む）」をじっくりと噛みしめたい。

だが、市場を正しく認識し、「正しい相場観」を持つことは、簡単ではない。それは、一つの時代に生きている人間が、正しい歴史観を持つことが、難しいのとよく似ている。民族や国家、体制の違いによって、歴史観が異なり、価値観がまるで正反対になることがある。同じ株式市場においても、投資家によって相場観が、「強気」「弱気」に大きく左右に分かれることは、よくあることである。

●現在立っている「客観的な位置」を「認識」しておくべきである

しかし、株式投資家は、実戦に臨むに当たっては、現在立っている「客観的な位置」だけは、はっきりと「認識」しておくべきである。これは「景気一〇年サイクル説」に基づいて、戦後の株式市場の「株価トレンド」から、ある程度は特定できる。もっとも、科学的に厳密に証明できることではないので、あくまでも「経験則」から感じ取り、信ずるしかないという限定付である。

日本の戦後経済は、不思議なことに、昭和二七（一九五二）年秋から、「一〇年サイクル」で、「不況」「好況」を繰り返しつつ、上昇してきた。「国敗れて山河あり」という漢詩の一節そのもののように、米軍の徹底した空爆により、主要都市をはじめ各地が破壊され、荒廃した国土復興に立ち上がるきっかけとなったのが、昭和二五（一九五〇）年六月二五日に始まった「朝鮮動乱」であった。

これが「朝鮮戦争」に発展し、昭和二八（一九五三）年七月二七日、「休戦状態」に入った。この間、日本は、「特需」の恩恵を受けて、「景気」がよくなった。

だが、昭和二七（一九五二）年になると、「特需」も少なくなり、景気が悪化してきた。以後、「不況」「好況」が、「一〇年サイクル」で入れ代わるようになったのである。「一〇年ひと昔」とはよく言ったものである。おそらく、政府の経済運営の仕方が、戦前とは大きく変わり、ケインズ経済学理論の応用により、「金融財政面からのコントロール」がよく効くようになったのが功を奏するようになったのであろう。

●日本の景気は「一〇年サイクル」で好不況が循環している

株式市場において、株価は「需給関係」の変化により、その都度変動する。それればかりではなく、大状況における景気の好不況の影響を受け、景気循環（サイクル）に連動して、大きく「上昇」したり「下落」したりもするのである。だから、株式投資家は、大勢のトレンドから片時とも目を離せない。

これはあくまでも経験則によるのであるけれど、日本経済は戦後、昭和二七（一九五二）年秋以降、大雑把に言って、「一〇年サイクル」で不景気と好景気が循環してきた。これを「景気一〇年サイクル説」と呼ぼう。不況が最終段階に至ると、次の大勢上昇に向けて相場が動意づいてくる。これが「助走」となって次第に市場が明るさを増していく。

このトレンドは、以下のようになっている。（「◎」は、好況、「★」は、不況）

★昭和二七（一九五二）年秋――助走→昭和三七（一九六二）年夏（不況）
◎　　三七（一九六二）年秋――→　　四七（一九七二）年夏（好況）
★　　四七（一九七二）年秋――助走→　　五七（一九八二）年夏（不況）
◎　　五七（一九八二）年秋――→平成　四（一九九二）年夏（好況）
★平成　四（一九九二）年秋――助走→　　一四（二〇〇二）年夏（不況）
◎　　一四（二〇〇二）年秋――→　　二四（二〇一二）年夏（好況）＝予想
★　　二四（二〇一二）年秋――助走→　　三四（二〇二二）年夏（不況）＝予想

たとえば、戦後の株式相場の足どりを日経平均株価や個々の銘柄のチャートをたどってみると、このことは一目瞭然である。昭和五七（一九八二）年一〇月一日から平成四（一九九三）年八月一八日までの「バブル経済」（ピークは、平成元年一二月二九日）のときの激しい株価運動を経て、経済成長率が鈍化したとはいえ、巨視的にみれば、経済は成長し、ＧＤＰ（国民総生産）が膨張し続けてきているからである。

後に「バブル経済」と呼ばれる大勢上昇相場は昭和五七（一九八二）年一〇月一日ごろから始まった。日経平均株価は六九〇〇円だった。この一か月後、中曽根政権が誕生している。日経平均株価は昭和五八（一九八三）年暮れに一万円を、昭和六二（一九八七）年に二万円を突破し、平成元（一九八九）年一二月二九日、三万八九一五円に達した。ここを「頂点（ピーク）」にして、相場は総崩れになっていき、平成四（一九九二）年八月一八日、一万四三〇九円（大底）を記録してバブル経済は終息した。

個別銘柄の株価が崩れる場合の格言に「半値七掛二割引き」というのがある。これに則れば、「一万円」を割り込み、「九〇〇〇円」あたりで大底になっても不思議ではなかった。だが、野村証券をはじめ証券業界が相場を支えた結果、「一万四三〇九円」に止めることができた。以後、「平成大不況」に入り、「失われた一〇年」と呼ばれた。

●日本人は、いつも「ババつかみ」させられ「大損」を被る

平成一三（二〇〇一）年四月二六日に誕生した小泉政権が「構造改革」に着手したため、この副作用により、当時「一万四〇〇〇円」水準だった日経平均株価は、平成一五（二〇〇三）年四月には「七六〇七円」まで下落してしまった。

これも経験則によるけれど、「好況」、つまり「大勢上昇相場」は、スタートから「七年目」に「ピーク」に達し、ここを境に下降していき、「三年後」に終る。武田信玄が「勝ちは七分に留めよ」

と言った教訓や「腹七分目」という格言が思い出される。

株式投資において、「底値で買い、高値で売る」あるいは、「安値で買い、高値で売る」というのが、最もオーソドックスな手法である。この手法を素直に実戦に使っているのが、外人投資家である。「底値」や「安値」で仕込んで「高値で売り逃げ」するタイミングを虎視眈々と窺っている。

バブル経済のときに限らず、いつものことだが、「ババつかみ」させられて、「大損」を被るのは、大抵は日本人投資家である。「ジャパニーズ・テイク・アウト」と馬鹿にされているのである。このため、ババつかみしないようにするには、「大相場」が、いつ「崩壊」するかに留意しなくてはならない。

個別銘柄を選ぶに際しても、相場がピークに達する直前に「売り逃げ」し、「店仕舞い」する心掛けが大事である。「まだまだ上がる」などと「欲」ばらないことが、肝要であり、得策である。

●「失われた一〇年」に技術開発が停滞していたと錯覚してはならない

もう一つ、多くの投資家が、大きな「認識のズレ」に陥っている。「錯覚」と言ってよいだろう。それは、「平成大不況」が、「失われた一〇年」と言われているのを真に受けてこの間、日本の経済や景気が停滞していたのと同じように、「技術開発まで停滞していた」と思い込んでいる投資家が、少なくないということである。

バブル経済崩壊後、「平成大不況」（平成四年一〇月から平成一四年八月）という「大停滞期」には、日本は、倒産・リストラ企業が続出し、自殺者（毎年三万四〇〇〇人前後）やホームレス（全国二万四〇〇〇人）が発生し、「失われた一〇年」と言われた。

だからといって、日本の潜在的な成長・膨張のエネルギーが失われたわけでは決してなかった。それどころか、「平成大不況」の最中の「失われた一〇年」の間に「ＩＴ革命」（デジタル情報革命）と「金融革命」が同時進行し、産業構造が大きく地殻変動を起こし、ＤＶＤや携帯電話、液晶テレビ、ナノテクノロジー、ロボット、光触媒、新素材、ＤＮＡなどの先端技術が、コツコツと研究・開発され、これをテコに、いままさに「大ブレーク」しつつある。

これは、ワットの蒸気機関に象徴されるかつての産業革命とは比べものにならない人類史上、最大規模の革命と言っても過言でない「ＩＴ革命」「デジタル情報革命」下での「現代版・産業革命」が起きているのである。株式投資においては、これらの技術に「大儲け」できる「宝の山」が隠されている点に目を凝らす必要がある。

●「基幹産業」は「景気先導銘柄」の代表である

いつの時代でも、経済をリードし、景気を押し上げていく大企業がある。それを「基幹産業」という。これら景気を先導する企業に照準を合わせるとよい。

基幹産業を構成する企業群は、景気回復期には、まさに「機関車」のように経済を牽引し、景気が下落し低迷しているときには、株価の「暴落」を最小限に食い止め、底なしの「恐慌」に墜落していかないように懸命に支えていく大変貴重な存在である。その中核をなす銘柄を「景気先導株」と呼ぼう。

現在の日本における「基幹産業」の第一位は、「自動車産業」である。その筆頭が、トヨタ自動車〈7203〉であり、日産自動車〈7201〉、ホンダ〈本田技研工業・7267〉、マツダ〈7261〉、三菱自動車工業〈7211〉、スズキ〈7269〉などが、主要なメンバーである。

次いで、家庭電器産業も基幹産業の一つである。松下電器産業〈6752〉、東芝〈6502〉、ソニー〈6758〉、シャープ〈6753〉、三菱電機〈6503〉、日立製作所〈6501〉、三洋電機〈6764〉などが、中心に位置している。

いまは「精密情報機器産業」が、基幹産業にのし上がってきている。キヤノン〈7751〉が、その代表企業である。

また、流通・小売産業もいまや押しも押されもせぬ基幹産業にランクされている。主力は、セブン&アイ・ホールディングス〈3382〉である。

●日本経団連会長は「基幹産業」のトップが就任する

どんな産業が基幹産業であるかは、財界の中心的存在である「日本経団連」の「会長人事」

が証明している。「日本経団連会長」は「財界天皇」と呼ばれるほど最高の実力者である。

経済団体連合会（略称・経団連）は、昭和二一（一九四六）年に設立された全国の各種経済団体の連合会である。財界の総本山と言われる。会員は、団体と法人とからなり、学識経験者など若干の個人も推薦会員として含まれる。国内の政策運営に大きな影響力を持ち、貿易摩擦などの国際問題にも提言を行ってきた。

経済四団体（経団連、日本商工会議所、日本経営者団体連盟、経済同友会）の頂点に立ち、政府の経済政策に大きな影響を与えて、財界有利の施策を実行させてきた。このなかでも経団連は、日本の復興と経済大国の実現に向けて、機関車の役割を果たした。

キヤノンの御手洗冨士夫社長（昭和三六年中央大学法学部卒）が平成一八（二〇〇六）年五月に「財界天皇」とも言われる日本経団連の次期会長に就任する。日本経済をリードする精密機器業界から初の会長就任であり、中央大学卒業生からも初めての日本経団連会長を輩出することになる。

●日本経団連の「副会長」クラスも「基幹産業」の一角をなしている

日本の流通業界を代表する株式会社セブン＆アイ・ホールディングスの鈴木敏文代表取締役会長兼ＣＥＯは現在、この日本経団連の副会長を務めている。鈴木敏文は、昭和三一（一九五六）年中央大学経済学部卒で、中央大学同窓会「学員会」（登録会員約一六万人）のなかにある実業人たちが組織する「南甲倶楽部」（七五〇人）の会長を務め、平成一七（二〇〇五）年一一月一二日、中央大学理事長に就任している。歴代理事長は法学部出身者が就任する慣例で、経済学部出身者は異例人事だった。中央大学は平成二二（二〇一〇）年に創立一二五周年を迎えるのに当たって実業人の活躍にも期待しており、「法曹界に強い中央大学からの飛躍」を目指しており、鈴木理事長は、「イトーヨーカ堂、セブン―イレブンで培ってきた経営手法を大学経営に生かしたい」と抱負を述べている。キヤノンの御手洗冨士夫社長は、「南甲倶楽部」副会長である。

●野村証券の田淵節也は、不祥事で経団連副会長を辞任した

しかし、経団連副会長の座をせっかく射止めておきながら、不祥事で辞任を迫られるなど、「浮き沈み」もある。

その一人が、野村証券の田淵節也である。平成二（一九九〇）年一二月二一日、経団連副会長に就任した。東京電力の平岩外四会長が、新日本製鉄の斎藤英四郎名誉会長からバトンタッチされ、経団連会長に就任したのに伴い、田淵節也が、抜擢された。

このとき、田淵節也を含めてダイエー会長兼社長の中内功、三和銀行会長の川勝堅二、味の素名誉会長の歌田勝弘の四人が副会長に指名されている。

田淵節也は、平岩外四が経済同友会の経営方策委員長のときに副委員長を務めてから昵懇に

していた。この関係から、平岩外四は、田淵節也に白羽の矢を当てたのである。

田淵節也は、経済同友会の副代表幹事を六年務めたことがある。その間、当時、東京商工会議所の副会頭を頼まれた。だが、経済同友会の副代表幹事が忙しかったので断っている。

野村証券では、実は、奥村綱雄が経団連副会長のポストを望んでいた。しかし、経団連評議員会議長には就任できたものの、副会長ポストはとても手が届かなかった。その意味で、田淵節也は野村証券としても果たせなかった夢、いわば悲願を達成できたのである。

また、田淵節也の経団連副会長就任は、証券業界にとっても、感激的なことであった。かつての「株屋」のイメージで見られていた証券業界が、そこまで発展向上し社会的地位が上がったことを実証するものであった。もちろん、証券業界も機能も大きく変わってきていた。

そうした変化を背景に、リーディング・カンパニーである野村証券の田淵節也が、証券業界を代表して経団連入りしたのである。銀行と肩を並べるところまで成長し、日本の金融業界を担うようになった証券業界の代表というわけである。この喜びは田淵節也一人のものではなく、野村証券ばかりか証券業界の喜びでもあった。

経団連が田淵節也に期待したのは、「政界に持っている太いパイプ」であった。それは、財界の政治部長を担うことであり、平岩外四会長のいわば、「官房長官的役割」であった。田淵節也は経団連副会長に就任に際して、

「これからは、アジアとの関係強化のために働きたい」

と抱負を語っていた。アジアは、東欧と並ぶように大きく変化し始めていた。

だが、平成三（一九九一）年六月二〇日、野村証券が税務上、自己否認するという形で一六五億円にも上がる損失補てんを行っていた事実が発覚し、続いて、野村証券と広域暴力団・稲川会関係者との取引が明るみに出た。そのうえ田淵節也が、脱税容疑で東京地検特捜部に逮捕された地産の元相談役の竹井博友を弁護士法違反で逮捕された並木俊守に紹介していた事実まで判明したことなどが禍して、田淵節也が野村証券会長と経団連副会長の辞任に追い込まれた。

●それでも野村証券は「管理相場」を主導する

不祥事や事件に泥塗れになり、投資家からの信頼を失ったとはいえ、それでも日本の株式相場は、野村証券に主導され続けているというのは、否定できない事実である。逆に言えば、野村証券が主導権を発揮しない相場は元気がなく、しっかりと主導するようになれば、元気を回復する。

証券業界でトップの野村証券は、潤沢な資金力にものを言わせて、「腕力相場」を現出していく実力を持っている。組織営業力も、まさに「軍団」の名に値するほどの人材を投入、駆使していかんなく力を発揮する。株式投資のプロたちは、野村証券のトップリーダーたちが、一体何を考えているかを計測しながら、相場を張っていく。

また、日々の相場展開のなかで、野村証券の商い、手口などを克明に分析してみると、野村証券が目指しているものが、手に取るように伝わってくるようになるから不思議なものである。

野村証券が平成一七（二〇〇五）年秋、「一五年ぶり」に「キャラバン隊」を欧米に向けて派遣したのがきっかけになり、株式市場が一気に活気づいてきた。欧米の金持ちに「日本株」への投資を促す「営業」が目的である。

バブル経済を演出した中曽根政権に野村証券は「資金流通の活性化」のために全面協力して、相場を盛り上げた。バブル経済がピークに達し、株価が急落し始めて二年後に野村証券は「キャラバン隊」の派遣を中止し、「資産家の資産運用」に重点を移していたのだが、日本経済が平成大不況を脱し、株式相場が大勢上昇に入ってから「三年」を経て、野村証券はようやく、「出番」に気づき、「キャラバン隊」を復活させたのである。

株式相場が、野村証券によって主導されている限り、大半の銘柄が株価を上げていく。それは、相場が上昇を続けている何よりの証拠になる。当然、野村証券の株価も、日経平均株価に連動する形で上昇する。

ということが明らかになれば、むしろ、野村証券自体が、「買い」になる。文字通り、「相場の指標銘柄」の役割を果たしている。

●野村証券が主導する相場は、政府の政策と深く結びついてきた

野村証券の相場運びには、もう一つの「クセ」がある。野村証券の主導してきた過去の相場

をよく分析してみると、昭和五〇（一九七五）年以降、バブル経済が崩壊するまでの間、政府の政策を無視した相場は、一度もなかった。これは、野村証券の首脳陣が、政策と株式相場との関係を重視してきたからに他ならない。

昭和四八（一九七三）年一〇月の第一次石油危機の後、日本経済は重大な危機に見舞われた。昭和五一（一九七六）年、政府は、輸出を奨励し、「輸出ドライブ」という言葉が流行した。

このなかで、トヨタ自動車など輸出関連株が盛んに囃された。昭和五四（一九七九）年に政府は、資源開発の推進を促す政策を次々に打ち出した。昭和五四（一九七九）年一月一七日の第二次石油危機後、さらに輸出促進策が促進され、VTR（ビデオテープレコーダー）相場が現れた。昭和五七（一九八二）年一〇月一日に始まった大勢上昇相場、すなわち「バブル経済期」に、中曽根政権は輸出促進政策を改め、外国製品の輸入奨励を喧伝するようになる。日本製品の「集中豪雨的輸出」「レーザー光線的輸出」に対し、米国レーガン政権や欧州諸国から非難の火の手が上がり、「輸入」へと歴史的に転換を図ったのである。

中曽根首相は、テレビを通じて自ら図を示しながら、「外国製品の輸入を」と国民に訴えるなど、それまでには考えられなかった異例な姿まで見せたのだった。

その後、日本は「内需拡大策を積極的に進めるべきだ」と欧米諸国から迫られ、政府は各種の政府規制の緩和に踏み切らざるを得なくなった。

野村証券は、こうした政府の政策の変化に歩調を合わせて「注目銘柄」「推奨銘柄」を選定して投資家に示してきた。

証券会社の営業年度は、毎年一〇月から始まるが、野村証券は、地場証券の株担当者らに対する定期的なレクチャーとは別に新営業年度の「営業方針」を説明していた。

たとえば、昭和六一（一九八六）年度の相場では、原油安メリットを受ける東京電力や東京瓦斯、国鉄の分割・民営化がらみの日本通運などにシフトし、過去に見られない大相場を担っていた。このほか、野村証券は、内需拡大策の中核部分に位置する住宅建設、道路の充実、レジャー産業の振興といった新政策に関連する銘柄群にも注目していた。

野村証券のこうした「クセ」は、政府の政策と深く結びついているのが、最大の要因であった。野村証券は、日本を代表するような「シンクタンク」である野村総合研究所を持ち、「政策の研究」にも深くタッチしてきたのも見逃せない。その意味で野村証券が、政策に結びついた相場づくりを考えるのは、むしろ、当たり前であった。

野村総合研究所は、様々なテーマについて、調査研究しており、それらが、株式相場のテーマになり得た。それらのレポート内容は、かなり以前に提出されていても、常に「出番」を待っているようなところがあった。これが武器になるのは、相場が始まってから、「投資家の半歩前」を歩くようなタイミングだった。その呼吸で打ち出すのが、最も効果的と言われていた。もちろん、現在は、「インサイダー取引」が厳重に禁止されているので、野村証券と野村総合研究所とは、かなりデリケートな関係にある。

いずれにしても、野村証券はいま、かつての「栄光」を蘇らせようと株式相場を主導しているので、一般投資家にとっては、各支店でも開催されている「株式講演会」で配られる「もっと知りたい、株式投資～一歩進んだ銘柄選択」など銘打ったレポートは貴重な資料になる。

●東証の大家「平和不動産」は景気指標銘柄だ

「何を買ったらいいか分からなくなったときは、東証の大家を狙え」という言葉が、株式市場にはある。

平和不動産〈8803〉は、「東京証券取引所」の建物の持主、すなわち「大家（オーナー）」であり、株式市場は、「指標株」にしてきた。「景気指標銘柄」と言い換えてもよい。

東証は戦前、株式会社だったので、その株式が指標とされた。戦後は、準公（おおやけ）機関となり、会員制によって運営されてきたものの、戦前からの名残で、東証が果たしてきた指標株の役目は、身代わりとしても平和不動産に引き継がれてきた。東証の家賃は、市場の出来高にスライドしてきたので、俄然、市場の活況を反映することになった。

平和不動産は、市場の力を象徴しており、これは、現在でも変わりがない。相場のなかでの意味は、時代とともに変化しても、歴史的な役割を果たしてきた。平和不動産は、「指標株」の役目を担い、景気がよくなるのに伴い、「平和不動産の株価」も上がるという図式が成立している。確かに相場が活況を呈し、名実ともに景気がよくなると、市場の建物の「大家」が、自ずと恵比須顔になっても、何らおかしくはない。むしろ、当然のことと言える。

株式投資のプロたちは、相場を研究するとき、必ず平和不動産の株価を参考に「偏差値」を割り出し、相場の勢い、消長などを解釈しているという。

平和不動産の株価が、全体株価の平均の上にいっていると、やがては、全体の株価の水準が上がる。下がってくると全体が下がってくるというように、全体の流れを判断するうえで、心強い「拠所」にしてきたという。

要するに株価の水準の役目を果たしてきたのである。平和不動産の株が先にはね上がると相場全体が明るさを増した。

古い話ではあるが、たとえば、昭和三三（一九五八）年一月四日、神武景気の出発点で、平和不動産は、「一九一円」だった。四日経って、「二〇〇円カイ」になった。これに続いて、当時、主力銘柄と呼ばれた石川島播磨重工業などが動き始める、というパターンである。

ところで、東証は現在、株式会社に戻っているが、上場されていないので、株式市場は、平和不動産を依然として「指標株」として尊重している。東証自体が上場されれば、これも立派な「指標株」の地位を復権することになろう。

●日経平均株価連動投信も「景気指標銘柄」である

景気が大勢上昇している最中には、「日経平均株価や東証株価指数（ＴＯＰＩＸ）に連動することを目的に運用される投資信託（ＥＴＦ：上場投信）」を買うのが、最も「安全・確実」である。これらは、「景気指標銘柄」と呼ばれている。「ＥＴＦ」(Exchange Traded Fund) とは、正式には、「株価指数連動型上場投資信託」という。株式と同じように証券取引所に上場され、証券取引所（東証・大証）を介して売買されている。株価指数に連動した値動きをし、株価指数と同様の動きとなるため価格が分かりやすく、また投資信託の特長である幅広い銘柄への分散投資が行われるので、個別株式に投資することと比較すると、リスクの分散が期待できる。

【銘柄選定のポイント】

「株価指数連動型上場投資信託」は、東証においては「ｉシェアーズ日経２２５」〈１３２９〉と、「上場インデックスファンド２２５」〈１３３０〉、大証においては「ダイワ上場投信—日経２２５」〈１３２０〉と、「日経２２５連動型上場投資信託」〈１３２１〉といった銘柄がある。

●東京証券取引所会長を輩出した「東芝」が注目される

東京証券取引所の西室泰三会長は平成一七（二〇〇五）年六月、東芝会長から東証会長に就任して、取締役会議長を務めてきた。産業界出身者からの東証トップは初めてであった。それが突然、変事に見舞われる。

東京証券取引所は一二月二〇日、鶴島琢夫社長が相次ぐシステム・トラブルなどの責任を取って辞任したため、西室泰三会長を社長兼務とする人事を発令することになった。

東証理事長は長年、大蔵官僚の「天下りポスト」だった。平成一三（二〇〇一）年一一月一日に、株式会社となり、初代社長も旧大蔵省出身の土田正顕が就任し、東証トップは六代三七年にわたった。

ところが、土田理事長が死去したのに伴い、小泉首相が平成一六（二〇〇四）年四月、「民間人に適材がいたら民間人の方がいい」との意向を示し、鶴島前社長に白羽の矢が当てられた。鶴島前社長は、早稲田大学卒、東証職員から副理事長を経て就任した東証初の生え抜きだった。

平成一七（二〇〇五）年一一月一日にシステム障害が発生して取引が停止、ジェイコムが新規上場した一二月八日、みずほ証券が「六一万円で一株を売る注文」を「一円で六一万株」と誤発注して混乱した取引を東証がストップできなかった。

こうした経緯のなかで、東芝〈６５０２〉が、にわかに「景気指標株」として踊り出てきた。いまは、東京証券取引所会長を輩出した企業である東芝の評価が急に上昇してきたことから、「景気指標株」としての地位を獲得している。少なくとも、西室泰三会長兼社長の在任中は、「威光」を放ち続けるのは間違いない。

●下げ相場でプロが使うウルトラC

どんな相場でも同じことではあるけれど、「上がった株価」は、いずれは「下がる」ときがくる。

この下げ相場で、どう対処するか。

まず、持ち株を全部売って、現金を手に入れたとしよう。さてそれからどうするか。株式投資のプロは、こう言う。

「あとは株価がどこまで下がるか、じっと見ていればよい。こちらは、すべて売って現金を手にしているのだから、安心して下げ相場の推移を見とどける態度で余裕を持って対応することだ」

暴落を知って、投げ売りして防空壕に逃げ込んだとはいっても、決して悲観することはない。というのは、手持ちの株価が、すべて買い値より下の段階で売らざるを得なかったともいえないからである。銘柄が数少ない場合は、それほど喜べないかもしれないが、売った株のなかには、暴落時に買い値より上のほうに位置していて、そこからいくらか下がったところで売ったということもまんざらないとはいえない。つまり利食いできているものもなかにはあるはずなのだ。

その意味からも、暴落を知ったなら一分、一秒も早く売ったほうがよいということになる。


次に、暴落から下げ相場に入ったところで、どこまで下がったら「下げ」が終わりと判断したらよいのか。すなわち、下げ止まりの地点の見極め方が問題となる。いかに大暴落といっても、ダウがゼロまで落ちてしまうことはあり得ない。そのときは、資本主義経済が崩壊したときである。となると、どこかで下げ止まると安心していてよい。この点について、株式投資の

プロは、一つの基準があるという。それは、

「二五〇日移動平均線が、暴落のスタート時点から一〇パーセント下がったあたりが下げ止まりの地点の目安だ。つまり株価が高値から最大限一〇パーセントまで下がったところで、それ以上下がるかどうかを確認してみる必要がある」

ということである。

下げ止まりの地点を見極めるのは、次の一手を打つためのチャンスをつかむためだ。大暴落が、二日、三日、四日と続き、さらに六日、七日、八日と下げていく。すると、こんどは、いったん急騰する場面が出てくる。それは、ボールを高いところから落としてみると地面にぶつかったボールは、バウンドして、そしてまた地面に当たり、もう一度バウンドしてといった運動を繰り返しながら、ついには地面上に止まるというかたちをとる。株価もこれに似たところがある。

「この戻りの場面をつかむのもひとつのテクニックだ。売った株のなかには、買い値よりも下のものがいくつかあるはずだから、その損を取り戻すチャンスがここだ。戻しそうになったときにパッと買い、株価がある程度戻した瞬間に売り逃げてしまう。もちろん、ほかの銘柄を買って同じ手口で利食いをはかることもいいだろう」

この戻りを狙うコツは、買って値が少しでも戻したら売ってしまうという、この呼吸である。のんびりしていると再び下げに入ってしまう。このタイミングを見失うと損のうえに損を重ねる結果になりかねない。下げ相場のときの、東証の一日の出来高は、せいぜい二億株から三億

株のところだ。活況のときに一五億株にも達するのと比べると大変な閑散相場だが、いくら大暴落、下げ相場だからといっても商いがなくなるものでもない。

投資家は、下げによって被った被害を取り戻そうと必死である。戻りを狙う場合もあるし、下げているのにまだ買い値に届いていない銘柄を売りに出す人もいたりしてさまざまなのだ。

この段階で株式のプロがよく使う手は、「カラ売り」だ。いわば〝秘術〟に属するが、薄商のなかの反騰高を狙ってカラ売りを続ける。とくに人気銘柄に照準を合わせて、このウルトラC級のワザを使う。名相場師と呼ばれた山種証券の創業者である故・山崎種二は暴落時に「カラ売り」で儲けた人といわれているほどで、いわば名人が使う手でもある。いまでは「カラ売り規制」もあり、このテクニックは、一般の投資家には、なかなか使える手ではない。だが、いざ大暴落というときに備えて「カラ売りの術」を研究しておくのもよいだろう。

いったん戻した株価は、小さな山をつけてまた下げに入る。投資家は、ここのところから下げ止まりの地点を見つける態勢を取らなくてはならない。

●暴落後の反転、その時何を狙うか

「暴落スタート時から一〇パーセント下げ」をひとつの基準にして「底」を確認したなら、次の反転に対して準備しておかなくてはならない。

またまた大チャンスの到来である。ここが大きな買い場になるのだ。安値で買って、高値で売るという基本的な商いが、この時点から大いに可能になる。しかし、下げた銘柄をあれもこれも手当たり次第買い込めばよいというものではない。

「何を買ったらいいかのポイントは、まず大暴落の影響をさほど受けなかった銘柄を選ぶことだ。暴落に対して強かった銘柄ということで、数ある銘柄のなかには、いくつかそういう生命力旺盛な優良銘柄が残っているものだ。これを狙う。下げ相場の最後の買い場である」

大暴落の被害をモロに受けた銘柄というのは、下げ相場のなかでは人気は容易には回復してこないものである。これに対して、暴落にも耐えた銘柄は、そのこと自体によって「強さ」を実証したことになる。

こういった銘柄に投資家の人気が集まらないわけがない。また投資家として、それを買わない手はない。

相場が全体的に暗いムードにつつまれ、沈んだ状態にあるからといって、相場を投げてしまったら株式の投資家としては失格である。いかなる下げ相場のなかにあっても、銘柄を個々に分析検討してみるならば、元気いっぱいという銘柄はある。この点を忘れてはならない。

下げ相場に勝つ秘法を心得ているかいないかによって株式相場によって得る醍醐味が違ってくる株式投資のプロは言う。相場とは、かくも面白いものなのである。

●株式相場の勝負というのは一発勝負ではない

百戦錬磨の株式投資のプロも、決して「これで大丈夫ということはない」という。勝負には、つねに不確定要素がつきまとうためである。どんなに名人と言われている株式投資のプロでも、「勝負を仕掛ける段階においても勝つか負けるかは五分五分だ。迷って迷って迷い抜く」といい、株式相場での勝負においては孤独なもののようである。

不安を抱きながら、とにかく打って出てみる。自信が湧いてくるかこないかは、戦いを進めていくうちに明確になってくる。

「買いかな、売りかな。いずれかの判断が決まり、自信が湧いてきたときは、もう仕上げの段階といってよい」

株式相場の勝負というのは一発勝負ではない。

「パチンコの例を考えてみるとよい。たった一個の玉を与えられて、さあ勝負しろといわれても何もできないだろう。それはプロであってもアマチュアであってもまったく同じだ。玉を打ち続けていくうちに勝負が見えてくる。株式相場もそれと変わりはない」

パチンコをやった人ならわかるだろうが、何十発も打ち続けていくうちに、パチンコ台のクセもわかってくる。この台は、強くはじいたほうがよいか、やんわり打ったほうがよいのか。レフトサイドを狙うか、ライトサイド、あるいはセンターを狙い目にしたほうがよいのかという感覚は、株も同じだという。

玉が一発や二発外れたからといって、あきらめてしまうのは早い。「可能性」というのは、あとからあとから追いかけてくる。

●ナンピンをかける

「ナンピン買いしていったほうが得か、損を見切って全部投げてしまうかは、スタートのところではわからない。さらに攻撃が必要か、思惑違いがわかって防御に回るか、仕切り直しするか。途中経過のところでプロとアマチュアとの違いが分かれてくる」

株式相場というのは「丁か半か」といったバクチとはそこのところが根本から違う。

「ナンピン買い」とは、「難平」をカナ書きにしたもので、難とは損の意味で損を平均化することをいう。

手持ちの株が買い値よりも値下がりしたときに、その銘柄を買い増して買い値の平均を下げたり、あるいは信用取引でカラ売りしたりしたあと、思惑に反して値上がりしたときに売り乗せて売り値の平均を上げることを「ナンピンをかける」という。株式投資の安全策のひとつである。ナンピン買いなどのテクニックを駆使して相場を自由自在に展開していけるかどうか、その点にプロとアマチュアとの差が出てくるのだ。

「勝負が上手か下手かは、継続的に相場をやっていくうちにはっきりしてくる」

カネを捨てる覚悟はあるか。玉を打ち続ける勝負。そのとき「平常心で勝負をゲームとしてできるか否か」。その一点に勝敗を左右する決め手がある。

株式という戦争ゲームでは、これに参加する株式のプロや投資家たちの心理作戦が錯綜する。いのちの次に大事な大金をかけ、目に見えない敵の心の動きを読み取るというメンタルな戦いだ。冷静になれないとプロにはなれないそうである。

●全部すって、パーになってもよいというくらいの気持ちで投資しろ

それでは「平常心」を維持していくための秘訣はあるのだろうか。

「投資とは、おカネ（資本）を投げ出すと書く。ドブに捨てて、返ってこなくてもよい、パーになってもかまわないという気持ちで勝負することだ」

この割り切りが大事だという。最後の相場師と言われた是川銀蔵の相場の張り方が、まさしく、この心境のようだったようである。是川銀蔵の言葉が、株式市場に残っている。

「おカネは、戻ってこなくてもよい。戻ってくれば、儲けものだ。妻もセガレも株で儲かるとはアテにしていない」

株式投資は、高い勝利の確率を狙ってやっているわけではないので、全部すって、パーになってもよいというくらいの気持ちで投資しろということである。

大事なおカネを失っても関係がないという心でとりかからなくては、ダメである。何ヵ月後か、あるいは何年後かに儲けたカネを必要とするとか、将来必要なおカネなのに、それを投資に振

り向けるといったような気持ちでは、メンタルなところで負けてしまっている。美空ひばりの歌「柔」の一節ではないけれど、「勝つと思うな思えば負けよ」だともいう。損をしては大変といったせっぱ詰った気持ちでは、戦わずして負けである。山がそこにあるから登るんだという軽い気持ちで臨む。別にいのちのやりとりをしているわけではないのだから、戦いといっても殺される心配はない。勝っても負けても株式のプロである以上、逃げられない宿命とあきらめて戦いに向かっていく。

つまり、決死隊のような悲愴な気持ちでスタート時点から相場に飲まれてはならないということだ。

●メンタル的に「強いカネ」と「弱いカネ」とがある

おカネには色がついていない。株式のプロが扱うカネもアマチュアが持ってくるカネもカネはみな同じである。だが、歴戦の勇士の目で見ると、「同じ人間が持っているカネでも、マネーゲームに参加する場合は、メンタル的に〝強いカネ〟と〝弱いカネ〟との違いが出てくるという。株式市場に入ってくるときの迫力の差が、投資家の心の姿勢によって変わってくるのだろう。

「カタギの世界で地道に稼いだカネというのは弱い。サラリーマンなどが、ツメに火を灯すようにコツコツとためたカネ、親から遺産相続して得たカネといったのは弱い。温室から持ってきて環境の違うところに移植するようなところがあり、どうしても生命力を発揮できない」

カタギの世界で稼いだカネを勝負の世界に持ってきたとき、投資はどうしても減らしたくないという気持ちにつつまれている。遺産相続して得たカネの場合は損をさせては親戚や知人たちのもの笑いのタネになる、負けては大変だという気持ちが込められている。そういったカネは勝負には勝てない。ヤクザの道で稼いだカネは強い。勝負の世界で儲けたカネはどうせあぶくゼニである。株式の勝負に張って、さらに儲かれば儲けものといった気持ちで投資されるのは強いという。

勝負の世界で儲けたカネを注ぎ込んできた勝負師の典型が、是川銀蔵である。だが、損をしてもかまわないという気持ちで勝負しろ、といっても生やさしいものではない。相場の名人といわれた山崎種二でさえも連戦連勝ということはなかったという。米相場でも有名だが、株の世界で生涯のうちに断崖絶壁に立たされた負けが三回あった。山崎種二は、「万事窮すだと思った、相場は簡単に儲かるものではない」

という言葉を生前、吐いていたそうである。マネーゲームというのは、かくも厳しい。

●「見切り千両」を実行できる人は「相場の達人」である

株式の世界に「見切り千両」という古くからいい伝えられてきた格言がある。勝てるタマではないと悟ったときは、損害が小さいうちに早めに撤退したほうが得策という教えが含まれている。

負け戦は、被害が広がらないうちにやめてしまうのがコツである。チャンス到来のときに大きく儲ける。それで損を埋め合わせればよい。

見切り千両を実行できる人は、相場の達人であるともいう。花札でも同様だが、賭けごとのヘタな人は、はじめのうちはチョコチョコ小幅に儲けていて、最後にドーンと大損するタイプが多い。シロウトは、儲けの回数は多いが、損するときの額が大きく、結果的に大負けしてしまうケースが大半である。

プロとアマチュアとの大きな違いは、この勝負運びに如実にあらわれてくる。株式相場でシロウトがよくやる手は、たとえば一〇〇円の株が一一〇円か一二〇円に上がるとすぐに売る。次にはもっと高い株に進み、一〇〇〇円の株が一一〇〇円になるとまた売る。

そうしてだんだんと高い株でも儲かると錯覚していい気になっているところで、二〇〇〇円の株を買ったとたんに一九〇〇円か一八〇〇円にストンと落ちてしまう。一〇〇円段階の儲け幅も一〇〇〇円段階の儲け幅も率に直すと同程度だが、高い値段になると、損をした場合に被害額が大きくなるというのを見逃している。

シロウトは低い値段のところからはじめる場合が多いので、高い値段の株を買ったところでも相場を小さく見てしまう。そこでやられてしまうと大被害を受ける結果になる。

またシロウトは〝利食い〟に専念しがちで、戦況あるいは戦いの色彩に目が届かない。往々にしてそういうことになりやすいという。

もう少し、もう少しと思って、利食いばかりにあせる。「見切り千両」で被害が小さいところでやめておけばよいのに、それができない。優柔不断で時間をくっている間に戦況がますます悪化して気づいたときは大暴落し地獄の底ということもよくある。「見切り千両」という言葉の意味をよく知らないために悲劇の主人公になった投資家は、数知れないという。

第3章　M&A株に乗れ——否定的にとらえることは「認識のズレ」に陥る

●TOBやM&Aを「否定的」に受け取ると「認識のズレ」に陥る

「M&A」(企業買収)という言葉が日本の資本主義市場を席巻している。ソフトバンク〈9984〉創業者・孫正義、楽天〈4755〉創業者・三木谷浩史、M&Aコンサルティング創業者・村上世彰、ライブドア〈4753〉創業者・堀江貴文が、最先端ビジネスの寵児として注目を浴び全国各地で「創業ブーム」を呼んできた。

けれども、堀江貴文が平成一八(二〇〇六)年一月二四日、証券取引法違反(偽計取引、風説流布)容疑で東京地検特捜部に逮捕されて失墜して、「六本木ヒルズ族」の一角が崩れた。だが、欧米諸国、そのなかでも米国から強く迫られてきた「日本型資本主義」のグローバル化が根本的に変更を迫られているわけではない。

それどころか、多くの日本人に非常識的であっても、「M&A」は、国際社会では極めて常識的なビジネス行為であり、現行の商法・証券取引法で許されている。しかも、日本には新会社法の施行により、一段と「構造改革」が求められている。

以前は、商法上認められている「TOB(テイク・オーバー・ビッド、株式公開買い付け制度)」ですら、「悪徳」と見られていたのが、いまやすっかり様がわりしているのである。

M&A仲介会社「レフコ」が平成一七(二〇〇五)年一二月七日明らかにした「二〇〇五年の日本企業の合併・買収(M&A)成立件数」によると、二五〇〇件を突破し、過去最高だった平成一六(二〇〇四)年実績を上回っていることが判明している。これは、上場企業、非上場企業を合わせての数字であり、上場企業のみのM&Aのみならず、全国的に見ると、地方銀行が中心になって「地域再生ファンド」が不振企業を買収し、再生を進める動きが活発化してきていることが、大きく影響しているものと見られている。

また、レフコの調べによると、企業の経営陣らが自社の株式を買い取り、親会社や他の大株主から独立する経営手法「MBO」（経営陣による自社買収）の件数が、平成一七（二〇〇五）年に六七件に達し、過去最高を記録していい、この流れが加速しそうであるという。つまり、日本の産業界では、TOBやM&Aは、いまや「マイナス・イメージ」としては受け取られなくなってきているということである。

従って、株式投資家が今日、TOBやM&Aを「否定的」に受け取ると「認識のズレ」に陥り、「時代遅れ」と言われかねない状況なのである。堀江貴文が「拝金主義」の度が過ぎ、これが禍して逮捕されたとしても、TOBやM&Aの嵐は、日本の経済界、産業界に吹き荒れ続けていくはずである。

●時代を切り開く創業者のなかから「寵児」が登場する

産業社会が大変革を起こしているときは、いつの時代でもフロンティアが登場し、創業者として未開地を切り開いていき、そのなかで成功者の何人かが、「時代の寵児」、あるいは「革命児」などと持て囃される。

それは大抵の創業者が、身の丈を小さくしたまま、ひと所に止まることで満足はしないからである。事業を発展しながら、周辺企業と業務提携したり、資本提携したり、さらに進んで買収したり、吸収合併したりして、拡大し、市場に覇権を築いていこうとする。

言うまでもなく、どんな企業でも創業時から大企業であったわけではない。創業者はみんな、最初はベンチャーだった。そのなかから、大成功者の一部が、究極的に「財閥」と言われるまでに巨大化していくのである。

日本の資本主義社会の発展・成長過程で、社会が必要とする産業が必ず生まれ、時代を切り開く創業者のなかから「寵児」が登場する。それがやがては、財閥へと成長・発展していき、以下のような「産業革命の寵児たち」が、日本の産業社会の基礎を築いてきたのである。

〔1〕鉱業革命の寵児たち

①住友政友（住友）

②古河市兵衛（古河鉱業）

③浅野総一郎（浅野セメント）

〔2〕貿易革命の寵児たち

①岩崎弥太郎（三菱商事）

②大倉喜八郎（大倉組）

③伊藤忠兵衛（伊藤忠、丸紅）

〔3〕金融・証券革命の寵児たち
①渋沢栄一（国立第一銀行）
②安田善次郎（安田銀行=みずほ銀行の前身）
③野村徳七（野村証券）
④遠山元一（日興証券）
⑤宮内義彦（オリックス）
⑥村上世彰（M&Aコンサルティング）

〔4〕食品革命の寵児たち
①鴻池新六（鴻池）
②浜口儀兵衛（ヤマサ醤油）

〔5〕鉄道革命の寵児たち
①堤康次郎（西武鉄道）
②根津嘉一郎（東武鉄道）
③五島慶太（東急鉄道）

〔6〕自動車革命の寵児たち
①豊田喜一郎（トヨタ自動車）
②鮎川義介（日産自動車）

③本田宗一郎（本田技研工業）

〔7〕家電革命の寵児たち

①松下幸之助（松下電器産業）

②井深大・盛田昭夫（ソニー）

③稲盛和夫（京セラ）

〔8〕小売流通革命の寵児たち

①三井高利（越後屋＝三越の前身）

②岡田卓也（イオングループ＝旧ジャスコ）

③鈴木敏文（セブンイレブン）

〔9〕雇用革命の寵児たち

①南部靖之（パソナ）

〔10〕ＩＴ革命の寵児たち

①孫正義（ソフトバンク）

②三木谷浩史（楽天）

③堀江貴文（ライブドア）

企業買収が産業社会発展にはつきものであるというのは、これらの実業家のうち、たとえば、西武財閥の創始者・堤康次郎や東急財閥の創始者・五島慶太らの事業展開を振り替えれば、一目瞭然となる。

●堤康次郎は早大在学中、後藤毛氈を乗っ取りから救う

まず、堤康次郎は、不毛の地の開発と鉄道事業で成功し、流通業にも乗り出し「西武王国」を築いた。すなわち、西武鉄道、西武百貨店など有数の企業を擁する今日の西武コンツェルンを一代で築き上げた新興財閥の創業者である。「強盗慶太」と呼ばれた東急の五島慶太のライバルとして「ピストル堤」と言われた。「ピストルで脅されても株を売らなかった」という武勇伝から「ピストル堤」のあだ名がつけられたのである。実業家であり、衆議院議長まで務めた政治家でもあった。

堤康次郎は明治二二（一八八九）年二月一一日、滋賀県愛知郡八木荘村（現在の秦荘町）の農家で生まれた。五歳のとき、父親を亡くし、母親とも離れ離れになってしまい祖父母に育てられた。恵まれない境遇ではあったものの祖父母からかわいがられ、あふれるような愛情を注がれて大事に養育された。小学校の成績がよかったので、彦根中学から「無試験入学」を許可されたという。

大学在学中、後藤毛氈という会社の株式を買い、六万円（現在の約八億円相当）を儲けた。桂太郎内閣が関税の改革を企図したことを知り、毛織物が将来有望と判断し、この株を手に入

れ、株主総会に出たところ、後藤恕作社長の追い出しを画策しようとして、大騒ぎになっていた。乗っ取りである。堤康次郎は乗っ取り側の言い分に無理があると考え、発言を求め、

「経営は後藤さんに任すべきだ。それが株主全体の利益になる」

と演説した。なにしろ、早稲田大学雄弁部のいまやモサである。会場内は、さらに騒然としたが、乗っ取り側が退いて、騒ぎは収まった。堤康次郎は後藤社長の信頼を得て、後藤毛氈株の過半数を買い集める代表になり、二円（二〇円払い込み）くらいだった株価が二〇円を越すまで買いまくった。後藤社長が「お礼に」と二〇〇〇円を包んでくれたのに、

「株屋でも総会屋でもないから受け取れない」

と言って断った。その代わりに、自分の全財産五〇〇〇円を後藤社長に預け、それを頭金にして銀行融資を受け、後藤社長の持株を譲ってもらった。二円で買い始めた株を一一円で譲ってもらったので、五〇〇〇円の元手が六万円にもなったのである。

このうちの一万円で蠣殻町の三等郵便局長の権利を買い、大学生の「郵便局長」になった。また、東京・渋谷で鉄工所を経営し一〇〇人の従業員を使うなど商才を見せた。早稲田大学にはもっぱら人力車で通学し、優雅な生活ぶりだった。講義にはあまり出ず、友人のノートや参考書を読み、期末試験では合格点を取った。

●「箱根山の合戦」で「ピストル堤」とあだ名をつけられる

堤康次郎は大正四（一九一五）年に、最初の妻・文と結婚した。文の生家は千葉県にあり、父の名を風祭兼次郎といい、文は、母方の養女に出て川崎姓に変わっていた。康次郎は、第一次世界大戦後の大正六（一九一七）年以降、土地開発事業に携わる。軽井沢と箱根の土地・観光開発を始め、沓掛遊園地（株）、箱根土地（株）を設立した。この事業の陰で妻・文が、実家などから資金調達してくるなど「内助の功」を果たしたという。

とくに箱根、伊豆地方の観光開発では五島慶太の東急グループと激しく争い、「箱根山の合戦」と喧伝された。

箱根の土地を買い集めていた一九二〇年ごろ、地元の駿豆（すんず）鉄道の株を集め始めたが、そこへ拳銃を持った男が自宅まで脅しにやってきた。

「株を手放せ！」

「いや、売らん！」

焦った相手は、とうとう一発ぶっ放したがそれでも堤は動じなかった。その結果、康次郎は、駿豆鉄道を手中に収める。このとき「ピストル堤」とあだ名をつけられた。

●国立の開発が自慢のタネになる

大正一二（一九二三）年九月一日の関東大震災の後は、東京近郊の土地を開発し、宅地開発、大泉、小平、国立などの学園都市の建設を手がけた。

このなかで康次郎が、自慢の一つにしていたのが、国立の開発だった。大震災後、都心にあった東京商科大学が移転することになり康次郎は、佐野善作学長と共鳴し、積極的に協力することにした。国分寺と立川の間に開発に適した土地を見つけて「国立」と名づけ駅をつくり、国鉄に寄付したのである。

学園都市の開発を皮切りに、多摩湖鉄道を設立して鉄道界に進出した。

大正末から昭和にかけて駿豆鉄道、武蔵野鉄道、近江鉄道、旧西武鉄道を買収して手中に入れ、昭和二〇（一九四五）年、これらを合併して西武農業鉄道とし、昭和二一（一九四六）年、現在の西武鉄道に育て上げ「西武王国」の基礎を築いた。

戦後は西武百貨店（前身は一九四〇年創立の武蔵野デパート。戦災で焼失したが戦後再建し、一九四九年、西武百貨店と改称した）を開設し、流通業界に積極的に進出した。

●五島慶太は鉄道院の高級官僚から実業家への華麗なる転身

かたや東急グループの創立者である五島慶太は、高級官僚から実業家に華麗に転身、鬼の実業家として「強盗慶太」の異名をとった。

五島慶太は明治一五（一八八二）年四月一八日生まれ。長野県小県（ちいさがた）郡殿戸村（現在の青木村）で生まれた。村はJR信越線上田駅から西へ一二キロのところにある。父・小林菊右衛門、母・寿ゑの末子で上には、姉・なお、兄・虎之助（村長、長野県会議員を務める）

がいた。

生地には、「夕立と騒動は青木から」という言い伝えが残っているほど、この地域は、江戸時代には一揆が多発していた。それでも小林家は、農家で村一番の資産家だったという。父母は、日蓮宗の熱心な信者で、とくに父が朝夕曼陀羅に向かって題目を五〇〇〇回から一万回唱えるのを日課にしていていた。慶太自身も少年時代から父母の薫陶を受けて「南無妙法蓮華経と唱えることによって、いかなる苦痛でも、いかなる困難でもこれに勝つという確信を自然に植えつけられた」といい、生涯を通じて法華経の強情な信者となる。

こうして慶太は、自らも勉学に励み、明治四四（一九一一）年七月、東大を無事卒業した。加藤高明の斡旋で一〇月、農商務省に属託として就職し、一二月に高級官僚への資格試験ともいうべき高等文官試験に合格、大正二（一九一三）年鉄道院に入った。しかし、大正九（一九二〇）年、鉄道院監督局総務課長で三八歳のとき退官して武蔵野電鉄（後の東京横浜電鉄）の常務取締役に就任した。高級官僚から実業家への華麗なる転身であった。

●「強盗慶太」の異名をとる

五島慶太は大正一一（一九二二）年、東急（東京急行電鉄）の母体となった目黒蒲田電鉄を創立し鉄道建設と沿線の住宅地分譲を併せて行い、成功する。以後、まれにみる積極的な企業家的活動を展開し、鉄道において池上電鉄をはじめ玉川電鉄、京浜電鉄、京王電気軌道、湘南電鉄など私鉄各社を買収ないし、合併、大東京急行の社長となり、西の小林一三とならんで私鉄王とうたわれた。

昭和一四（一九三九）年に東京横浜電鉄と改称し、ついで昭和一七（一九四二）年に東京急行電鉄と社名を変更、北は、中央線から南は三浦半島に及ぶ広大な地域の民間交通事業を統合、私鉄経営者のナンバーワンとなる。

この間、五島慶太は昭和九年、東京高速鉄道を設立し、昭和一四（一九三九）年には、渋谷―新橋間の地下鉄を開業した。東京の地下鉄は、日本の地下鉄の草分けであった早川徳次が東京地下鉄道会社を創設して浅草雷門から上野、日本橋をへて新橋までの地下鉄を建設、開業していたので、慶太は新橋で両社のレールをつなぎ渋谷―新橋間の直通運転を申し入れた。だが早川は新橋から品川へ向かわせて、京浜電鉄と直結する準備を進めていたため承知しなかった。これに対して、五島慶太は業を煮やして東京地下鉄の株を買収し、過半数を支配、昭和一五年に早川を追い出し、その実権を握り地下鉄銀座線を実現している。

一方、五島慶太は、東横百貨店にも手を出し、昭和一三年春、三越の株を約一〇万株買い占めて合併を企てた。東横百貨店を中央に進出させようと考えた。

百貨店業界の会議では、三越の経営陣がいかにも王者のような態度をとっていたのを見て「いつの日か、必ず三越を凌駕してやろう」と野望を抱いたのである。

だが、友人からなだめられて手を引いたものの、その乗っ取りぶりは、「強盗慶太」の異名で恐れられた。

世の人々から「五島慶太は既成会社の株を買いあさっては、従来の経営者を追い出す。あたかも札束をもって白昼強盗を働くようなものだ」とヤユされたのである。

しかし、慶太自身は「事業上の自分の主義と信念とを一貫して貫いただけ」という考えていたので「強盗」と呼ばれるのは不本意だったが、ほとんど意を介していなかった。

●旺盛な事業欲で白木屋を買収する

五島慶太の事業意欲は旺盛で、バス輸送、デパート、映画などの事業を吸収、設立し、いわゆる東急グループを形成した。第二次世界大戦中は、内閣顧問を経て、昭和一九（一九四四）年に一時、東条内閣の運輸通信相に就任した。総辞職とともに東急会長に戻った。戦後は、五島慶太自身が公職を追放されたほか財閥解体、集中排除政策のなかで、東急から東横百貨店、小田急電鉄、京王帝都電鉄、京浜急行電鉄が分離独立する。

一九五一年、追放を解除されると、東急の相談役をへて昭和二七年、会長に復帰、旺盛な事業活動を再開し、交通を中心に東横百貨店以下を再び支配下におき、ついで東映を再建、白木屋を買収した。

さらに土地開発やレジャーランド、観光事業にも進出して、東急を土地開発を中心としたユニークで強力な企業集団に発展させた。この間、伊豆箱根の観光開発をめぐってライバルの西武鉄道の堤康次郎と「箱根山合戦」といわれるほど鋭く対立し話題をまいた。生涯を通じ、衰えをみせなかった異常ともいえる覇気を持っていた。

●ライブドアの堀江貴文が奇襲攻撃的にニッポン放送株を買い占める

「企業乗っ取り」という言葉が、日本の経済界、産業界において、「悪いイメージ」で受け止められてきた背景には、いわゆる「旧財閥系」の巨大化した「グループ企業」が日本経済を牛耳り、「体制化」していたことと無関係ではなかったかも知れない。出来上がった「経済体制」を堅持しようとして、「TOB」や「M&A」が、忌避されてきたとも言えるのである。

だが、こうした「経済体制」を根底から揺り動かし、「体制に安住していた経営者」を深く生温い眠りから目を覚まさせる「革命的」な出来事が起きた。

ライブドア〈4753〉の堀江貴文が平成一七（二〇〇五）年二月八日に、東京証券取引所の時間外取引で奇襲攻撃的にニッポン放送株を「三五%」買い占め、M&A（企業買収）作戦を展開し、事実上の親会社「フジテレビ」（企業成立上と株式上の子会社）との全面戦争に突入した時から始まった。

フジテレビ〈4676〉が「親会社（ニッポン放送）—子会社（フジテレビ）」の腸捻転状態を是正し、フジテレビの親会社化を目的に行っていたTOBを行っていた機会をつかまえたのである。派手な買収合戦が繰り広げられたとき、「村上ファンド」も参戦していたので、動向が注目された。

この戦いは、「七〇日の攻防」の末、ライブドアとフジテレビの和解が成立し、ライブドアは、和解金「一七四〇億円」を取得して終息した。

●一般の国民も「認識のズレ」の強制的な是正を迫られた

そのころ、堀江貴文と盟友関係にあったと言われていたのが、「村上ファンド」と称されるM＆Aコンサルティングの村上世彰だった。

村上ファンドとライブドアは、東京都港区六本木の「森ビル」（通称・六本木ヒルズ）に入居し、本社を構えており、村上世彰社長と堀江貴文は、時折、懇談しては、「情報交換」していたといい、村上世彰社長は、「軍師」と呼ばれていたという。堀江貴文と村上世彰は「M＆A」をまさに教科書通りに展開していた。

それでも、一見過激に映る動きは、孫正義の先駆的な行動の延長線上にあり、これからの日本の株式市場の歴史に刻まれる金字塔のような出来事であった。

ニッポン放送株三・七五％を握り、キャスティングボードとコントロール・プレミアムを掌握して、さらにフジテレビに向けて進撃、M＆A攻勢をかける勢いを見せていた。

堀江・村上連合軍の動きは、欧米の資本市場では、日常茶飯事の出来事だったが、「持ち合い」による「安定株政策」に慣れ切り、「護送船団方式」を続けてきた日本の経営者や投資家、それを政治行政権力で守ってきた旧体制勢力にとっては、文字通り「革命的」な出来事であったのである。

また、一般の国民も「株式市場」について「認識のズレ」の強制的な是正を迫られた。企業にとっての「主権者」が、「株主」であることを新たに認識させ、徹底的に叩き込ませてきた。株式市場に革命的な大転換を迫り、まさに「そのとき歴史が動いた」と後世にも語り継がれて然るべき画期的な出来事でもあった。

●「村上ファンド」が日本初のLBO手法による敵対的TOBを行う

ところで、「村上ファンド」の村上世彰社長は昭和三四（一九五九）年八月、大阪で貿易会社などを営む資産家の二男に生まれた。神戸市内の有名進学校である私立灘中、灘高校を卒業し、一年浪人して東大法学部に入学した。卒業後、通産省に入り、高級官僚の道を驀進し、在職中、「M&A法制化」を担当した。平成一一（一九九九）年七月、生活産業局サービス産業企画官を最後に退職して独立、M&Aコンサルティングを設立、独立後、自ら「M&A」をビジネスに携わってきた。「生温い経営に安住している企業の株式を買い占めては、「モノ言う株主」として「株主主権」を主張し、「配当の引き上げ」などを経営者に要求していることで、マスコミの話題をさらっている。

村上ファンドが、これまでに手がけてきたのは、電子部品と不動産を柱とする「昭栄」〈30

03〉で、日本初のＬＢＯ手法による敵対的ＴＯＢ（株式公開買い付け）だった。

その後、婦人服大手の東京スタイル〈8112〉、角川ホールディングス〈9477〉、住友倉庫〈9303〉、因幡電機産業〈9934〉、ダイドーリミテッド〈3205〉、昭文社〈9475〉、亜細亜証券印刷〈7893〉、セゾン情報システムズ〈9640〉、日本医療事務センター〈9652〉、日本フエルト〈3512〉、日本鉄塔工業〈5919〉、ウッドランド〈4652〉、ヒュー・マネジメント・ジャパン〈4778〉、エルゴ・ブレインズ〈4309〉、瑞光〈6279〉、スクウェア・エニックス〈9684〉、シナネン〈8132〉、明星食品〈2900〉、大阪証券取引所〈8697〉、阪神電気鉄道〈9043〉、ＴＢＳ〈東京放送・9401〉、松阪屋〈8235〉などを仕込んでいた。

【銘柄選定のポイント】

アメリカの「投資ファンド」の一つである「スティール・パートナーズ」が仕掛けていると言われている銘柄をリサーチして、その投資戦略に便乗するのも妙手である。この投資ファンドは、「村上ファンド」の村上世彰から日本株式市場の実情について詳しくレクチャーを受けて、その足で「村上ファンド」の先回りをして巨利を稼いでいると言われているからである。投資手法のキーワードは、「ネットキャッシュ」と言われるもので、「有利子負債を差し引いた純現金に対して、時価総額が低迷している企業の株を買い占め、いきなりＴＯＢをかけて、経営陣にドラスティックな経営改革を迫る」というもの。これまでに、「村上ファンド」に先回りして、明星食品の株を買い占めたほか、松風も株式を大量保有された。

「スティール・パートナーズが売買した銘柄」は、以下の通りである。

丸一鋼管〈5463〉、ワコールホールディングス〈3591〉、サッポロホールディングス〈2501〉、ハウス食品〈2810〉、アデランス〈8170〉、ノーリツ〈5943〉、因幡電機産業〈9934〉、フクダ電子〈6960〉、名村造船所〈7014〉、モスフードサービス〈8153〉、電気興業〈6706〉、日阪製作所〈6247〉、ユシロ化学工業〈5013〉、ブルドックソース〈2804〉、小松精練〈3580〉、中央倉庫〈9319〉、三精輸送機〈6357〉、中北製作所〈6496〉、金下建設〈1897〉、高田機工〈5923〉、日本特殊塗料〈4619〉、新コスモス電機〈6824〉、石原薬品〈4462〉など。

●ソフトバンクの孫正義がデジタル革命の旗手となる

このような動きの先駆けは、ソフトバンクの孫正義だった。デジタル革命の旗手として「JスカイB」の実現を目指してオーストラリアのメディア王、ルパード・マードック会長と連携してテレビ朝日株を大量に買収しようとした。だが、親会社の朝日新聞社の猛烈な反撃にあいあえなく挫折する。また、米国の若い株式市場である「ナスダック」の日本版「ナスダック・ジャパン」の設立を目論むが、これも東京株式市場で抵抗にあい、やむなく大阪で実現を図る。

この孫正義の革命的な行動が、証券業界のみならず旧大蔵省証券局などに衝撃を与え、これがきっかけとなり、東京株式市場に「マザーズ」が誕生。このなかから、ライブドアも生まれた。

●ライブドア本社と堀江貴文の自宅などが家宅捜索される

だが、栄耀栄華というものは、古来より長くは続かないのが世の常である。東京地検特捜部と証券取引等監視委員会が平成一八（二〇〇六）年一月一六日夕から一七日朝にかけて、ライブドア本社と堀江貴文の自宅などを証券取引法違反（偽計取引、風評の流布）容疑で家宅捜索された。

証券取引等監視委員会は、ライブドアが平成一七（二〇〇五）年二月八日、「時間外取引」によりニッポン放送株を三五％取得した直後からライブドアの内偵を始めていたので、約一年弱で成果を上げたとも言える。東京地検特捜部は証券取引等監視委員会の内偵調査を基にして、堀江社長ら幹部を逮捕、起訴する自信と確信を得て、家宅捜査に踏み切ったものと思われる。東京株式市場は一七日前場から、ライブドアと関連会社の株が一斉に売られ、急落しており、容疑が固まり、堀江社長らの逮捕・起訴に至れば、「上場廃止」も視野に入ってくる。「紙屑」になって泣きをみるよりは、その前に売っておくのが、得策であろう。これまで、紙屑になった企業、たとえば、三光汽船などの例が想起された。堀江貴文は、「M＆Aの旗手」の一人として、「革命児」として期待されてきたが、「奇襲攻撃」的な手法から、「源義経」が連想され、偶然ながら昨年のNHK大河ドラマ「義経」とだぶった面もある。

義経が行った「一の谷の合戦」「屋島の合戦」は、日本の戦史上「奇襲戦法」元祖のような扱いをされ、スタディケースとされてきた。毛利元就の「厳島の合戦」、織田信長の「桶狭間の合戦」、赤穂浪士による「吉良邸討ち入り」、山本五十六の「真珠湾攻撃」として引き継がれ、「日本のお家芸」とされてきた。

だが、平成一七（二〇〇五）年、「奇襲戦法」の主人公ないしその後継者は、いずれも最後は「悲劇のヒーロー」にされて、この世から消え去ってしまっている。毛利元就自身は、天寿を全うしているが、孫の輝元は、関ケ原の合戦に敗れて、一二〇万石の太守から三四万五〇〇〇石の萩に追いやられている。ホリエモンも例外ではなかったのである。

堀江貴文が日本の資本主義に敢然と挑戦しようとした意気込みは称賛に値した。だが、M&Aを重ねていくうちに、「落城組」や「追放組」から、根深い「怨み」を買ったのが、今回の「早すぎる悲運」の「元凶」になったと思われる。これは、堀江貴文の不徳である。

要するに堀江貴文は、あまりにも調子に乗りすぎたのである。商法や証券取引法スレスレ、すなわち、「塀の上」を綱渡りしていれば、いつかは「墜落」することもあり得た。「開店、開店」と自らテレビ・コマーシャルに出演して、身体を回転させていると、やはり目が回る。足下が狂って、落ちるところが「こちら側」ならばまだしも、「塀の向こう」（刑務所）であれば痛手は大きい。

●「村上さん来ないかなぁ」という声まで聞かれるほどである

しかし、村上世彰は、堀江貴文逮捕後も阪神電鉄〈９０４３〉株の買い占めを一段と進め、発行済株数の過半数に迫る勢いを見せ、健在ぶりを示している。

それどころか、養命酒製造〈２５４０〉が平成一八（二〇〇六）年一月ごろから、「自己資本比率が異常に高い」という情報が、「買い材料」となり、にわかに値を上げてきたのを見て、株式市場では「村上さん来ないかなぁ」という声まで聞かれるほどである。「村上さん」とは、言うまでもなく、村上世彰のことである。

養命酒製造は平成一七（二〇〇五）年に大正製薬〈４５３５〉と業務提携し、また、平成一八（二〇〇六）年四月一日、健康関連商品のインターネットサイト「養命酒本舗」の開設を予告し、株式市場では、「養命酒が通販を始める」という情報が流れたことなどが、好材料にされたらしい。養命酒製造は平成一七（二〇〇五）年一〇月二八日、埼玉県鶴が島市の「埼玉工場閉鎖」を決め、平成一八（二〇〇六）年三月に閉鎖した。この工場では、ぶどう糖を製造していた。三〇人の従業員は「配置転換」し「工場跡地を何に利用するかは未定」という。主力製品「養命酒」のコスト改革の一環で、自社生産していた原料を外部から調達、「ぶどう糖の調達にメドがついた」として、工場閉鎖を決めたという。

大正製薬が平成一八（二〇〇六）年二月九日午後、「時間外取引で養命酒株（二六〇万株）を追加取得し、持株比率をこれまでの六・六九％から一四・六九％に引き上げた」と発表したところ養命酒製造株が翌日一〇日、前場寄付きから急騰した。今回は、「リストラ」が「好感材料」となった。大正製薬も上昇した。これに対して、養命酒製造株の「売手」は、以前の筆頭株主だった「加ト吉」〈2873〉と同社関連会社の二社だったようである。

大正製薬が、養命酒製造にM＆Aをかけたわけではなかったけれど、こうした動きのなかで「村上ファンド」の積極的な介入を待望する心理が高まり、「村上ファンドが介入してくれば、株価がさらに高騰するはずだ」という期待感も膨らんだようである。もっともこのときは、「村上ファンド」が動いたという形跡があったわけではない。

●村上世彰は三共に「完敗」していた

村上ファンドは平成一七（二〇〇五）年五月一九日、三共株式を一万株以上保有の株主に書状を発送した。製薬業界の再編成への動きを念頭に、第一製薬との経営統合を決めた三共に対し、「格上」の武田薬品工業〈4502〉やアステラス製薬〈4503〉と合併し、世界トップ一〇位を狙うことが最良の選択肢と考えて動き出したのである。村上世彰は、厚生労働省の担当課長から、「国際競争に耐え得るような製薬業界再編が必要だ」と聞き出していたという。

村上ファンドは書状で「弊社は三共株式会社の株主です。三共は本年二月二五日に第一製薬株式会社との経営統合を発表いたしましたが、本統合計画について検討した結果、①統合相手と②統合比率の二点から、本計画は三共の株主価値の最大化に反したものであると判断し、現時点では、弊社は本統合に反対することを決定いたしました」

三共が平成一七（二〇〇五）年二月二五日に経営統合を発表してから、三共の株価は一五％程度も下落していた。だが、三共と第一製薬は平成一七（二〇〇五）年一〇月、経営統合を決めた。村上世彰の「完敗」であった。

●朝日新聞が「大正製薬　ゼファーマを買収へ」と報道する

ところで、大正製薬についてはもう一つ「材料」があった。朝日新聞が平成一八（二〇〇六）年二月九日付朝刊で「大正製薬　ゼファーマを買収へ」「アステラス、大衆薬撤退」の見出しで、次のように報じていたのである。

「大衆薬最大手の大正製薬が、製薬大手のアステラス製薬から同社子会社の大衆薬メーカー『ゼファーマ』を買収することが明らかになった。アステラスは大衆薬事業から撤退し、医師が処方する医療用医薬品に事業を絞る。ドラッグストアなどで販売される大衆市場は縮小ぎみで競争が激しく、大正はゼファーマの胃腸薬「ガスター10」などの人気製品の取り込みで競争の強化をめざす。アステラスは数カ月前からゼファーマの売却先選びを進めてきた。複数の大手メーカーが買収の意向を示したが買収額などで折り合わず、現在、売却は大正に絞り込まれている。アステラスは三月末までにゼファーマ譲渡を終える意向だ。

ゼファーマは、二〇〇四年一〇月、旧山之内製薬と旧藤沢薬品の大衆薬事業を統合して発足。親会社同士は二〇〇五年四月に合併してアステラスになった。

ゼファーマはガスター10のほか、風邪薬『プレコール』や『カコナール』、外皮用殺菌消毒『マキロン』などの人気ブランドを持っている。

ただ二〇〇五年三月期の売上高は二二四億円と、業界では中堅クラス。大衆薬市場では健康食品やサプリメントにおされ、縮小傾向に歯止めがかかっていない。このためアステラスはゼファーマを売却し、医療用医薬品に資金を集中投入する。

一方、大正製薬は大衆薬市場では二位の武田薬品工業を大きく引き離してトップだが、二〇〇六年三月期連結決算では二年連続の減収減益となる見込み。

大正製薬はドリンク剤『リポビタン』や風邪薬『パブロン』などの主力ブランドを保有。二〇〇五年三月期の大衆薬事業の売上高は一七二四億円。

これに対して、アステラス製薬は平成一八（二〇〇六）年二月九日、「本日の新聞報道についての当社コメント」と題して「本日（二月九日）の朝日新聞朝刊において、『ゼファーマ買収』に関する記事が一面等に掲載されております。当社は従来より事業価値最大化のために様々な検討をしておりますが、ゼファーマ社の大正製薬株式会社への売却を含め、新聞報道にあるような具体的なことは何も決定しておりません。以上お知らせいたします」と、大正製薬も、「当社では、事業価値を高めるために、様々な検討を行っていますが、本日の朝日新聞朝刊の報道を含め具体的なことは何ら決定していません」とそれぞれ「朝日報道否定」の発表をしている。

だが、それでも株式市場では、「あり得る話だ」として、「否定」を完全に信じてはいなかった。このため、「思惑的な動き」が続いたのである。

●糸山英太郎がＪＡＬ経営陣に宣戦布告

日本航空〈ＪＡＬ・９２０５〉の個人筆頭株主である糸山英太郎が、久々にマスコミに踊り出てきている。平成一八年二月八日付の夕刊フジが、「五面」で「糸山　ＪＡＬに宣戦布告」と報じたからである。「ホームページ」で「ＪＡＬの新町敏行ＣＥＯら経営陣に退陣勧告」を迫っているという内容である。ＪＡＬの株価にも影響しそうなので、記事を引用しておこう。

「苦言を呈しながらもＪＡＬの新町敏行ＣＥＯ体制を支える姿勢を示してきた個人筆頭株主（四・〇％保有）の糸山英太郎氏（六三）が、昨六日更新した自らのホームページで、『新町社長が居座る場合、次回株主総会での議決権を会社側に与えることはしない』と現経営陣に退陣を求めていることが分かった。

糸山氏が強調しているのが、『ＪＡＬ経営陣が如何に場当たり的な経営をしてきたか』という点のようだ。四半期ごとに行う業績予想発表のたびに新町ＣＥＯが訪れ、七月二九日の時点では通期で一七〇億円の利益予想の見通しの必要なしと報告を受けたのに、一一月には四七〇億円の赤字に大幅な下方修正した。

糸山氏によると、新町ＣＥＯは、原油高や反日デモ、バリ島テロなどを原因に挙げたようだが、ライバルの全日本空輸〈ＡＮＡ・９２０２〉が同時期で一〇〇億円の黒字予想を一七〇億円予想に引き上げたことにも触れ、『何か劇的な要因がＪＡＬだけに発生したのか。私から見れば単なる見通しの甘さでしかない』と経営手腕を切って捨てた。

実は糸山氏は、昨年末に同じホームページで、ライブドア堀江貴文の無配当経営を『ニセモノ経営者になるな』と批判していたが、ＪＡＬも今三月期の無配当転落を計画しており、『私は、結果として配当として受け取る予定の四億円がなくなったが、多くの株主・投資家を欺いたことは事実である。これでは、ホリエモンの行ったことと大同小異である』と怒りを露にしている。

確かに、アテにしていた配当が、「無配当」というのは、糸山英太郎のいうように、ＪＡＬ経営陣の「背信行為」である。

おそらく株式投資家の多くは、この糸山英太郎の「ホームページ」での怒りに反応し、この情報を「売り材料」と見るに違いない。

●糸山英太郎はかつて中山製鋼所株めぐる仕手戦を乗り切る

糸山英太郎は、株式市場では有名な「相場師」である。「最後の相場師」といわれた是川銀蔵を凌ぐ財力を誇っているので、ひょっとしたら「本物の最後の相場師」かも知れない。それだけに、一般の株式投資家も一目も二目もおいて、その動静に神経を尖らせている。いつ「仕手本尊」として攻撃を仕掛けてくるかわからないからである。従って、糸山英太郎の過去の戦歴を頭に叩き込んでいなければならない。

糸山英太郎は昭和一七（一九四二）年六月四日、東京都生まれである。実業家の佐々木真太郎と糸山道子との間に生まれる（非嫡出子）。日本大学経済学部卒業。外車のセールスマンから新日本観光にキャディーとして入社、ゴルフ場の運営で実績を上げる。笹川良一の姪で笹川了平の娘である桃子夫人と結婚して資金的にも恵まれ、政界、投資にも進出していった。

中曽根康弘元内閣総理大臣の秘書を経て、昭和四九（一九七四）年七月、第一〇回参議院議員通常選挙に自由民主党から全国区に出馬して、弱冠三二歳で参議院議員に初当選を果たした。

だが、選挙期間中から金権選挙ぶりが目立っていた。案の定、当選直後に大規模な選挙違反が発覚、選対本部長を始め経営していた会社の社員・ギャンブル関係者など一四二人が逮捕され、一二八七人が検挙された。当時としては最大規模の選挙違反事件に発展したのである。任期満了に伴い行われる昭和五五（一九八〇）年参院選を前に、一時期埼玉県選挙区からの出馬を検討していた。だが、宇野亨の選挙違反事件・浜田幸一の金銭スキャンダルが問題となっていたこともあって出馬を断念した。

その代わりに、昭和五八（一九八三）年一二月の第三七回衆議院議員総選挙から衆議院議員に転身した。その後、一度の落選を挟んで三回当選したが、平成八（一九九六）年、任期途中に辞職した。国会議員の在任中、マスコミなどから「井上馨以来の貪官汚吏の頭目」と評される。

中山製鋼所を舞台にした仕手戦では、大物相場師の近藤信男を相手に一度は苦境に陥るが、父親や笹川の手を借りて何とか乗り切っている。

アメリカの経済誌フォーブスは平成一六（二〇〇四）年版で「世界で八五番目（日本で四番目）の大富豪」（保有資産五三九〇億円）と書いている。東京都知事の石原慎太郎とは親友である。

糸山英太郎はいま、新日本観光などの会長職についており、自社ビルのザ・イトヤマタワーには、自らも居住している。また糸山政経塾を主宰し、湘南工科大学の名誉総長及び名誉教授を務める。妻は、笹川良一の姪で笹川了平の娘である桃子夫人。日本最大の航空会社「日本航空」の個人筆頭株主でもある。著書に『怪物商法』『太陽への挑戦』『日本青年革命』『金儲け哲学』『ケンカ哲学』がある。

糸山英太郎は、「新町社長の早期退陣、外国人を含む新経営者の下での再建を提案する」として、次回株主総会で会社提案に反対する姿勢を示しているので、ひと波乱が予想される。株価も乱舞する模様である。

第4章 開発株に賭けろ——五つのファクター

●「五つの開発株」を勘所とする

日本は、科学技術の開発において、独創的なものが、求められている。各企業は、独創的な技術開発ができなければ、たちまち「負け組」に転落してしまう。このため、サバイバル（生き残り）戦争に勝ち残るために、悲壮なまでの決意で、日夜、懸命な努力を続けている。

「開発」というキーワードで銘柄を見るときは、次の「五つのファクター」で見ると特徴と選定の勘所が鮮明に浮かび上がってくる。

①大地震発生に備えて「耐震構造」の技術開発に入れている「耐震構造開発株」（日本全土の建築物の安全を確保する企業の株式）

②女性の「美容」をクリエイトする「美容開発株」（化粧品など美容用品を開発している企業の株式）

③国民の健康増進に貢献する「健康開発株」（国民の健康増進のための新商品や新技術を開発している企業の株式）

④医薬品、医療技術の開発に取り組む「医療開発株」（長寿社会を築くために研究開発や技術進歩に努力している企業の株式）

⑤環境をよくする技術に懸命になっている「環境開発株」（急速な地球環境の破壊に抗して環境創造に懸命な企業の株式）

●「技術開発」についての「認識のズレ」を正しておこう

いまの大勢上昇相場においても、「六つの開発株」が、「銘柄選定」の有力な勘所である。「平成大不況期」（一九九二年一〇月から二〇〇二年八月まで）の間、「失われた一〇年」といわれているけれど、各企業の技術陣は、企業存亡を賭けて日夜、新商品・新技術の開発に取り組んできた。「失われた一〇年」とは、正確には、政治・行政が「無策」であったという意味である。決して、「新商品・新技術開発」が行われなかったわけではない。このことを勘違いして、「日本の技術はダメだ」と思い込むと、株式投資において、「認識のズレ」を起こして、正しい投資行動に踏み切れなくなる。

それどころか、大勢上昇相場が始まって「三年半」を経過し、「ピーク」まで残すところ「三年半」のいまこそ、政治的・行政的に「失われた一〇年」の間にコツコツと積み上げられてきた「世界に誇るべき新商品・新技術」が、「大ブレーク」する絶好のタイミングにある。この意味で、株式投資に当たっては、「技術開発」についての「認識」をしっかりと実態に合わせて正しておかなくてはならない。株式投資家の目が、「節穴」であっては、戦いにはならないからである。

●「技術の結晶・戦艦大和」に若者世代が感動し、誇りと自信を持ち始めている

このところ、日本国民のなかでとくに「若者世代」が、日本の技術レベルの高さに誇りと自信を持ち始めている。その一部は、意外にも「戦艦大和」に刺激され、日本の技術に対する再

認識から生まれてきているというから驚かされる。

平成一七（二〇〇五）年春、広島県呉市のJR呉駅から海岸よりのところに、「呉市海事歴史博物館」（「大和ミュージアム」）がオープンし、地元や海上自衛隊関係者ばかりでなく、全国各地から見学者が押しかけ、半年も経ない間に一〇〇万人を突破するほどの人気を博している。

すべてのことが「極秘」に運ばれたので、戦艦大和の実像を見た日本人は少ない。建造に携わった海軍工廠の関係者、乗組員、疾走する雄姿を目撃した人々、それに攻撃して沈没に成功した米軍兵たちである。

戦艦大和は、巨大な鉄の建造物によって包みかくされ、そのなかで秘密裏に建造された。海軍工廠を見下せるあたりの道路には、海岸近くから休山や三峰山に至るすべてに人間の身長よりも高いコンクリートの塀が造られていた。その残骸が戦後、長い間残っていた。呉市民はもとより、余所から来た人のだれも、海軍工廠のなかで、何が建造されていたかを知ることも、見ることもできなかったのである。うっかり海の方を眺めていたら、憲兵隊に発見されて、「何を見ているのか。お前はスパイか」と怒鳴られ、思い切り殴られたという。

戦艦大和が沖縄特攻に向けて出撃したことも、「軍事機密」であり、おそらくは、見送りにきた乗組員である将校や兵士たちの家族もその行く先は知らされていなかったはずである。一部の兵士は、特攻の行く先を感づいていたかも知れないが、大部分は、上艦して初めて「行く先」と「作戦目的」を知らされ、一瞬青ざめたと言われている。

「戦艦大和」は、極秘に建造され、極秘に行動し、極秘のうちにアメリカ軍機一〇〇〇機から落とされた爆弾や発射された魚雷の餌食となり、蜂の巣のようになって撃沈されたのである。国民のほとんどが、何も知らされていない間に、生まれ、そして海の藻屑となった。この悲劇は、戦艦大和の生き残りの一人「吉田満」が戦後まとめた著書『戦艦大和の最期』でやっと知ることができた程度であった。

また、忘れてはならないのは、日本の艦船や徴用された民間船の大半は、戦艦大和と同じような運命をたどり、乗組員ともども「海の藻屑」と化していることである。

すなわち、戦艦大和は、極秘のうちに建造され、極秘のうちに進水式が行われて、就役して、ミッドウェー海戦などを経て、昭和二〇（一九四五）年四月七日、沖縄決戦の水上特攻に向かう途中、米軍機、潜水艦などの猛攻撃にあい、撃沈された「悲劇の戦艦」であった。戦死者は三〇〇〇人を上回っている。

だが、若者たちの多くは、「大和ミュージアム」で実物の一〇分の一の戦艦大和の模型や海底から収集した遺品など陳列物や映像を見ながら、当時の「技術の結晶」でもある「戦艦大和」を建造した技術水準の高さに感動している。

●戦艦大和建造に注がれた諸技術は戦後、高度経済成長の大きな力になった

それは、戦艦設計技術はもとより、「ブロック工法・先行艤装」「生産管理システム」「四六センチ三連装主砲」「精密光学機器」「球状艦首(バルバスバウ)」「製鋼技術」「発電と配電技術」「主機(タービン)」「推進器」「操縦性能(舵)」などである。このほか、「鋳物製造技術」「溶接技術」「塗装技術」「内装技術」なども見逃せない。さらに全艦冷暖房技術なども注目されている。撃沈されたとはいえ、戦艦大和建造に注がれた諸技術は、企業発展の有力な基盤がすでに戦艦大和で培養されようとしていた。これが戦後の日本に継承され、高度経済成長を実現する大きな力になっていたことに改めて気づかされる。

バブル経済が崩壊して後、国民の多くが自信と誇りを喪失し、平成大不況を凌いできたのだが、蘇った戦艦大和は、再起する勇気を与えられ、いつまでも落ち込んでばかりはいられないという気持ちにさせてくれる。日本の未来は、何と言っても「技術」を磨き、高めていくしか道はないのである。

●映画「男たちの大和」で日立造船、東映が注目されている

映画「男たちの大和/YAMATO」が平成一七(二〇〇五)年一二月一七日、全国東映系の映画館でロードショーとなり、評判を呼び、多くの観客が押しかけて、涙を流しているという。原作者は、「辺見じゅん」(角川春樹の実姉)である。制作は、角川春樹事務所が担当した。

この映画は、平成一七（二〇〇五）年三月二六日、広島県尾道市向島町の「日立造船向島工場」内の全長一九〇メートルにも及ぶ、原寸大の「戦艦大和」のロケセットで撮影が開始され、三か月もの撮影を終え、最新のＣＧ・デジタル合成作業を加えて制作されたという。

戦後生まれの「戦争を知らない世代」が、大東亜戦争、そのなかでも太平洋戦争の悲劇を後世に伝えるのは、いまやかなり困難になってきているだけに、この映画は、百万言を費やして説明するよりも、効果が大である。

反町隆史、中村獅童らの好演が、勇敢に戦ったであろう下士官、兵の奮戦ぶりをよく伝えている。米軍機の空襲場面などの特撮は、迫真力がある。株式投資の視点では、東映〈９６０５〉が興行収入を稼ぎ、好業績を上げているのが、注目される。また、原寸大の「戦艦大和」のロケセットを設置に協力した日立造船〈７００４〉にも評価の目が注がれている。

●日本列島全体を「地震に強い国土」にしていくことが焦眉の急である

元建築士・姉歯秀次の耐震強度偽装事件に続いて、福岡県太宰府市の設計会社「サムシング」（仲盛昭二社長）が、福岡市内のマンション三件の構造計算書を改ざんしたとされる問題が発覚し、建築設計士の間でいま、「パンドラの箱が開けられたら大変なことになる」という噂が、深刻さを伴いながら囁かれている。

関東大震災や東南海大地震、東海大地震、南海大地震がいつ発生してもおかしくないと心配されている状況下で姉歯秀次による耐震強度偽装事件が拡大し、国民の不安は募る一方である。

実は、建築物の耐震構造が強化された昭和五六（一九八一）年以前に立てられたビルやマンション約二〇万棟の大半が、「震度五」の地震に耐えられず、万が一、大地震が発生した場合、ほとんどが崩壊する危険があると見られている。このことは国土交通省をはじめ建設・建設業界では、「公然の秘密」とされているという。

なかでも、東京オリンピック開催（昭和三九年一〇月一〇日）直前に突貫工事で建設されたビルのなかには「海砂利」を使用した粗悪なビルも含まれており、倒壊が確実視されているというから、恐ろしい。

今回、ヒューザーが建築主となったマンションが、「震度五」の地震に耐えられないということが判明して、地方自治体が居住者に「退去命令」を発して大騒ぎになっているが、これを基準にすると、約二〇万棟の大半の居住者に「退去命令」を発令しなくてはならなくなってしまい、国土行政は「前門の虎、後門の狼」の如く、自己矛盾を起こして立ち往生している。このピンチをどう切り抜けるかが、政府・与党の最大の難問となっている。いずれにしても、地震国・日本の耐震意識の低さが、今回の事件を生み出した元凶になっており、今後二〇年から二五年の間に大地震が起きる可能性が高いと予測されているだけに、日本列島全体を「地震に強い国土」にしていくことが焦眉の急である。

●「耐震構造開発株」の代表銘柄は積水化学工業

積水化学工業〈4204〉が、阪神淡路大震災タイプに耐える工法の開発に成功して、「耐震構造開発株」として注目されている。

積水化学工業（社長：大久保尚武）は平成一八（二〇〇六）年一月三〇日、「2×6ユニット工法『グランツーユー』の高い耐震性を実証＝国内最大級の実大耐震実験により大地震に対する強さを確認した」と発表した。阪神淡路大震災タイプに耐える工法の開発に成功したのである。

積水化学工業株式会社住宅カンパニー（プレジデント：東郷逸郎）は平成一七（二〇〇五）年一〇月七日と一〇月一一日、「二〇〇四年一〇月に発売した『グランツーユー』の実験棟にて実邸規模の耐震実験を行い、木質住宅で国内最大級の加振に対する耐震性の高さと揺れにくさを確認した」という。また、実邸レベルの快適さを確認するために入居者の住みごこち調査も実施し、耐震実験映像（DVD）を公表している。

今回の実験は、大規模地震を想定し、木質住宅では最大級となる地震波を入力した。実際に起こり得る揺れで『グランツーユー』の三次元の構造検証を行うことを目的に実施した。

■実験日時：二〇〇五年一〇月七日及び一一日
■実験場所：株式会社大林組技術研究所
■建物概要：二階床面積五八・〇六㎡、二階床面積四七・一一㎡、延べ床面積一〇五・一七

㎡

ト型。

■加振内容と結果：〈一〇月七日(金)〉(1)加振内容・想定東海地震波(本加振)↓プレー

最大入力加振目標一三三〇ガル、最大入力加速度一三二一ガル(地盤入力加速度)で、結果は「構造体：修復不可能な損傷なし」「外装：ほとんど損傷なし」「内装：一部クロス切れ、石膏ボードの浮きのみ発生」

同一建物で、一〇〇〇ガルを超えるタイプの異なる二回の加振後も、構造上・外観上ほとんど損傷がないことや阪神淡路大震災地震波の二倍以上の最大入力二二〇二を加えても二階の応答加速度が小さいことを確認した。

今回の実験は大規模地震を想定し、プレート型(＝想定東海地震タイプ)、直下型(＝阪神淡路大震災タイプ)ともに国内における最大規模の揺れで実施。結果、どちらの実験(地震)に対しても修復不可能な損傷はなかった。特に、直下型の実験では、加震装置の限界値となる阪神淡路大震災の約二・七倍の規模での入力となったが、『グランツーユー』の構造体に修復不可能な損傷がなく、木造住宅として極めて高い耐震性を証明した。

■余震に対して強いことも実証＝プレート型の実験では、本震の直後に余震を想定した揺れを三回連続加えたが、損傷の著しい進行はなかった。

積水化学工業は平成一七(二〇〇五)年一〇月から鉄骨系商品にて邸別耐震診断システム「ユ

レナビ」を実施しているが、今回の実大耐震実験の結果により平成一八（二〇〇六）年春からは木質系『グランツーユー』も「ユレナビ」を導入し、建物と地盤両面からの耐震診断システムを強化し、顧客に「さらに安心」してもらうための営業活動を推進していくという。

●「美と健康と環境をクリエイトする技術開発」への関心から銘柄が浮かんでくる

ところで、日本は、世界にも稀な超高齢社会に入って、「人生一世紀」、つまり「人生一〇〇歳」が決して夢物語ではない長寿社会にたどりついている。このなかで、とりわけ、国民の間で「美と健康と環境をクリエイトする技術開発」への関心が、ますます強くなってきている。

長寿社会実現に対する国民の欲求は、健康・福祉・医療技術の開発と進歩に伴い、限りなく大きく、かつ強くなってきている。

今日の高度福祉社会は、健康食品・健康機器業界や医療業界、福祉業界のそれぞれの分野で奉仕し貢献してきた数多くの先人や現役専門家の人々の「人間愛」に基づく献身的な努力によって、今日の高度医療や福祉社会が実現されてきた。それをさらに、高度化してもらいたいというのが、多くの国民の願いでもある。

近年、国民のなかに医療・福祉知識が深く浸透し、病気の治療だけでなく、予防や健康管理・維持に対する国民の意識もますます高くなり、医療・福祉の知識や情報は、いまや一般の国民にも普通に共有される時代になってきている。

しかし、日本を取り巻く環境は、必ずしも良好とはいえない。それどころか、二一世紀初頭のいま、大気や海洋汚染、熱帯雨林の乱伐などを起因とする地球環境の破壊によって、あらゆる生命が危機に晒されている。人口一三億人を抱える中国、一〇億人のインド、そしてASEAN諸国が「欧米化」していくなかで、「公害たれ流し」という最悪の事態が生じてきている。汚染された空気や海水が、ジェット気流や海流に乗って、日本列島や近海を襲い、すでに被害が多発している。

そうした深刻な問題に直面して、国民の間では、個々の人々の医療と健康についてばかりでなく、環境サバイバルとエコロジカルな視点に立ち、人類の生存と幸福、福祉を強く意識した環境技術の開発や健康・医療・福祉技術の開発への関心が高まっている。

株式投資において、銘柄選択のポイントとして、かかる視点から見ていくならば、数々の「ヒント」を得ることができる。地球環境を中心の視座に据えて、しかも美容・健康・医療・福祉技術開発への関心を深めていくと、思いがけず、面白い銘柄にめぐり合う可能性は、甚だ高いのである。要するに「美と健康と環境をクリエイトする技術開発」というコンセプトを頭に入れて株式市場に目を向けていくと、自ら銘柄が浮かんでくるはずである。

●花王は「アンチエイジング商品」に力点をおく「美容開発株」である

国民の「美容」と「健康」への志向が強まっていることから「アンチエイジング商品」がヒッ

トしている。花王〈４４５２〉の特定保健用食品「ヘルシア」参入で話題となっている。「アンチエイジング」とは、「加齢への挑戦」、つまり「若さの維持」である。女性は、「いつまでも若くありたい」と願っており、花王はこれに応えようと技術開発に懸命である。ちなみに、「女の一生」と題する、こんな名言がある。

一、二〇代　美しく
一、三〇代　強く
一、四〇代　賢く
一、五〇代　豊かに
一、六〇代　健やかに
一、七〇代　和やかに
一、八〇代　燻し銀のごとく　再び美しく
老馬は一日に成らず

【銘柄選定のポイント】

■不二製油〈２６０７〉は、チョコレート用油脂や製菓・製パン素材などを加工食品メーカー向けに供給している食品素材メーカーである。大豆ペプチドや水溶性大豆多糖類などの高機能剤が、注目される、とくにアミノ酸が二～三個つながった大豆ペプチドは、吸収が良いぶん疲労回復効果に優れた素材として飲料メーカーへの供給体制が強化されている。ほとんどが、海外生産というのが、強みでもある。

■伊藤園〈2593〉は、粗茶取扱高トップの優位性を活かした緑茶飲料のトップブランド「おーいお茶」で最高益を確保している。緑茶市場はペットボトルの浸透で嗜好性の強いコーヒーからのシフトや緑茶成分の機能性が注目されている。

●ミズノは「健康開発株」の代表である

スポーツ用製品づくりを通じて国民の「健康維持」に貢献しているミズノ〈8022〉は、「健康開発株」の代表である。ミズノは平成一八(二〇〇六)年一月三一日、「古の匠とテクノロジーの融合」による「ｓｅｉｓｕｋｅ＋ミズノコラボレーションTシャツ」を発売すると発表した。京都和柄の伝統意匠をアパレルウエアで展開するファクトリーブランド『ｓｅｉｓｕｋｅ88(セイスケエイティーエイト)』とコラボレーションしたTシャツ「ｓｅｉｓｕｋｅ88＋ミズノコラボレーションTシャツ」を『ミズノ』ブランドで全国のミズノ品取扱店やミズノホームページで三月三〇日から数量限定で発売する。

今回のこの取り組みは、スポーツウエアで培われた優れた機能素材「アイスタッチ」などを展開しているミズノの強みと、京都和柄の伝統意匠を斬新にデザインしたファクトリーブランド『ｓｅｉｓｕｋｅ88』のファッション性を融合することで本物志向のユーザーのライフスタイルの一部として提案するものである。これにより新たな顧客開拓とブランド価値向上と認知度アップを図る。

「ｓｅｉｓｕｋｅ88＋ミズノコラボレーションTシャツ」の柄名は〈風神雷神〉（浦和レッズ・永井雄一郎選手）で、『ｓｅｉｓｕｋｅ88』とは、約一五〇年前に京都画壇の日本画家によって京都西陣の帯地として描かれた図案をアレンジし、アパレルウエアなどを販売しているファクトリーブランドである。和柄の伝統衣装を現代のファッションとして取り入れ、企画・製造・販売のすべてを自社で行い、こだわりのデザイン・風合いなどを作り出すファクトリーブランド『ｓｅｉｓｕｋｅ88』の取り組みとミズノのものづくりに対する姿勢が一致したことから今回、伝統柄とミズノの高機能素材「アイスタッチ」を採用したウエアをコラボレーションする。

今回のコラボレーションTシャツは、高機能素材でありながら忠実に当時の図柄から色や染めを繊細に再現し、新しいスポーツ感覚のアイテムを求めるユーザーにも提案していく。「アイスタッチ」は体から出る汗や熱を素早く奪い、放散することにより、従来品に比べ衣服内温度を約1～2℃低く保つことができ（当社比）、ひんやりとした肌触りを体感できるミズノ独自開発の涼感素材である。アイテムは、「ｓｅｉｓｕｋｅ88＋ミズノコラボレーションTシャツ」、半袖Tシャツ　メンズ7型／レディース3型、価格：￥五一四五（本体￥四九〇〇）という。

●「医療開発株」の代表銘柄は第一三共

第一製薬と三共が統合してできた第一三共〈4568〉株式会社（庄田隆社長）は平成一八（二〇〇六）年一月一〇日、心筋梗塞・脳梗塞治療剤（KAI―9803）の開発・販売権利の取得について発表した。

一〇〇％子会社である三共株式会社（社長、池上康弘以下、三共）は、KAI Pharmaceuticals,Inc. 社（以下、KAI社）と同社が有する delta-PKC 阻害剤 KAI-9803 と関連化合物の開発ならびに製造販売に関する契約を締結した。

KAI―9803は現在、米国においては、「Phase（フェイズ）Ⅰ／Ⅱ試験」の段階にある。本契約締結に際し、三共はKAI社に二〇〇〇万米ドルの契約金を支払う。この契約により、三共は、今後のKAI―9803の開発を継承し、全世界での開発ならびに製造販売に関する独占的な権利を持ち、KAI社協力のもと本剤の開発を進める。KAI社は、この治療剤の一部臨床試験に関するオプションを持つ他、本剤の北米における共同販促を行う権利を持つ。

KAI―9803は、冠動脈内に局所投与するペプチド化合物であり、心筋梗塞患者の冠動脈形成術（PCI）後の再灌流障害を抑制することにより梗塞サイズを縮小し、急性心筋梗塞に対する治療効果を発揮することが期待されている。

delta―PKCは、活性化された状態でRACK（receptor for activated C-kinases）

に結合し、細胞機能の発現に重要な役割を担っている。ＫＡＩ―９８０３は、この結合を直接阻害するものである。このことにより、心筋梗塞患者の冠動脈形成術（ＰＣＩ）後の再灌流障害（再灌流することにより酸素フリーラジカルを発生させ、心筋細胞の壊死や不整脈などの障害を誘発）を抑制する。これにより梗塞サイズを縮小し、急性心筋梗塞や脳梗塞に対する治療効果を発揮することが期待されている。

【銘柄選定のポイント】

■「わかもと製薬」〈４５１２〉は、日本発の生きた乳酸菌配合（清掃剤）の歯みがき「アバンビーズ」を開発した。主な効能・効果は、

①歯周炎（歯槽膿漏）の予防②歯内炎の予防③むし歯の発生及び進行の予防④口臭の防止⑤歯を白くする⑥歯石の沈着を防ぐ⑦口中を浄化する⑧口中を爽快にするなど。

●眼鏡のＨＯＹＡも眼科領域で活躍する「医療開発株」である

ＨＯＹＡ〈７７４１〉は、常に先進性をもって開発を継続し、市場の中で差別化を図っている。眼内レンズの開発には、既に長い月日を費やす。その間、メーカー各社が素材・デザイン・加工・あるいは手術用器具に至るまで、医療現場の声を基に独自の開発・改良を重ね今日に至っている。

ＨＯＹＡの眼内レンズは、眼科医の生の声を製品の開発に取り入れ、手術のしやすさと手術後の後発白内障を抑制する製品で、高い評価を得、欧州市場でも市場投入されている。

平成一五（二〇〇三）年五月に、従来品のデザインを変更し、後発白内障に有効な機能を持ったレンズの販売を開始している。また平成一六（二〇〇四）年一月には、手術時に眼内レンズを挿入するインジェクターの販売を開始し、多くの眼科医から使いやすいとの評価を得ている。最近では、レンズ部分の色が実際の水晶体により近いイエロータイプの眼内レンズや、現行のものに比べ手術時の切開創が小さくて済むインジェクター・カートリッジ等を発売している。

眼内レンズとは、白内障で白く濁ってしまった水晶体を摘出し、その代わりに入れる人工水晶体である。眼内レンズを挿入する際に開けられる切開創口は、より小さいほうが惹起乱視も少なく、感染症にかかる確率も下げられる。ＨＯＹＡインジェクターシステムでは、小さい切開創口から安全確実に軟性眼内レンズ［ＡＦ―１］を挿入することを可能にしている。

惹起乱視とは他の要因によって引き起こされる乱視のことをいう。硝子体手術に際し患部のより広く鮮明な視界を確保する硝子体手術用レンズ（ＨＨＶ）の開発に成功している。さらに著名な大学教授や眼科専門医の協力を得て、眼科領域に関する新製品開発に鋭意努力を続けている。

硝子体とは、無色透明のゼリー状の物質で、眼球内の大部分を占めている組織のことで眼の形状を保ち、光を網膜に伝える役割を果たしている。

硝子体手術に際し、手術時間を短縮するスーチャレスリングシステム、さらに、硝子体手術時の視認性を向上させ、術者である眼科医のストレス低減に貢献する硝子体手術用リングスリーブを開発した。眼科医から高い評価を得ている。

ＶＲＳ硝子体手術用リングスリーブは、涙液交換もスムーズで長時間装用が可能な高酸素透過性ハードコンタクトレンズ、つけていることを忘れさせてしまうほど目に優しい装用感のコンベンショナルレンズ、乱視用レンズ、遠近両用レンズなど幅広い製品バリエーションを展開している。より多くの世代でコンタクトレンズを利用できるよう従来コンタクトレンズでは難しいとされていたトーリック（乱視用）レンズや、遠近両用の累進屈折力レンズの開発を果たしている。

●東亞合成は「燃料電池」に力をいれる「環境開発株」である

東亞合成〈４０４５〉はこれまで、東京大学大学院工学系研究科山口猛央助教授の基礎技術を基に、東亞合成固有の高分子化技術と電気化学技術を融合した直接メタノール形燃料電池（ＤＭＦＣ）に適した低コスト電解質膜である細孔フィリング電解質膜（ＴＳＦシリーズ）を開発してきた。

細孔フィリング電解質膜はポリオレフィン系多孔質基材中の微細空孔内に炭化水素系電解質を充填させた特異構造により、従来のイオン交換膜に無い特長を有する膜である。東亞合成は、さらに改良を加えることにより、たとえば、従来のＹＳＦシリーズ膜と比較してプロトン伝導度を五〇％高め、出力を二〇〜三〇％向上させることに成功した。平成一八（二〇〇六）年一月二五日より東京ビッグサイトにて開催された「第二回国際水素・燃料電池展」ではこの改良電解質膜の連続製造品（ロール）を出展し、改良電解質膜を用いた試作ＤＭＦＣによる実稼動デモも行った。

東亞合成が開発した細孔フィリング電解質膜（ＴＳＦシリーズ）は炭化水素系電解質膜としては耐久性が高く、ＤＭＦＣ単セルにおいて、七〇〇〇時間以上の運転実績を達成している。新規開発品（改良膜）「細孔フィリング電解質膜ＴＳＦシリーズ」（ＤＭＦＣ用の電解質膜として開発）の特長を以上まとめると、次のようである。

①電解質膜の膨潤を防ぎメタノールクロスオーバーを抑制する。
②良好なプロトン伝導性を示す。
③非フッ素系の電解質膜。
④大幅なコストダウンが可能（膜、廃棄処理、触媒リサイクル等）。
⑤炭化水素系電解質膜としては高い耐久性を有し、七〇〇〇時間の連続運転を達成。
⑥ロールでの生産技術が確立。

【銘柄選定のポイント】

■京セラ〈6971〉はグローバル化が進展するなかで「太陽エネルギー先進国・日本」を目指している。京セラの太陽電池は、太陽電池はパソコンの集積回路でも使われている半導体でできている。現在よく使われる半導体は、その代表格であるシリコン結晶である。シリコン結晶をn型とp型という積層加工をして、光を当てることで光電効果が発生し発電することができる。ただ、ここで発生する電気は直流なので、パワーコンディショナーという装置を使って交流の電気に換えて、電源として使用することが可能であるという。

日本の一般家庭における太陽光発電の導入は、経済産業省の助成事業や電力会社による余剰電力買取制度を背景に毎年増え続け、約二〇万件に達している。京セラは太陽光発電事業をスタートさせて約三三年になるが、智恵を絞り様々なアイデアで懸命に市場開拓に励んできた京セラの努力がようやく花開こうとしている。

一般家庭での発電規模は確かに小さいけれど、電力会社から供給されるだけの立場にあった人たちが自家発電・自家利用によって、自らの意思でエネルギー・環境問題に積極的に関わることができるようになってきた。

京セラはこれまでパキスタン、中国をはじめ、数々の無電化地域に村落電化システムを寄贈してきた。現実に電気のある暮らしを手に入れた人々の喜びや期待を実感するとともに太陽光発電の有用性を確信し、さらなる技術開発に向けての原動力を得たという。

■カネカ〈4118〉の太陽電池は、省エネ・省資源で、軽量システム。陸屋根や折板屋根へのスムーズな設置が可能である。「カネカエーシックルーフ」は、太陽光を電気に変えるシステムの心臓部に薄膜シリコン太陽電池を採用している。高い発電効率が期待できるだけでなく、原料や製造工程が少なくてすむ省資源型。薄膜シリコン（アモルファス）太陽電池は製造するために必要なエネルギーを約一年半の発電で回収可能である。多結晶シリコン太陽電池に比べ回収期間を約半年短縮した。カネカの薄膜シリコン太陽電池は、太陽電池モジュールに配置された太陽電池が、影の影響による発電能力の低下が生じにくい形状になっている。そのため、適切な設置方法を選ぶことで、屋根隅々まで効率的にカバーできる低角度（五度）のフラット設置が可能で、影の影響を考えて、設置間隔をあける必要はない。

■三洋電機〈6764〉の「HIT太陽電池」は、世界初の夏場に強い、ハイブリッド（単結晶・アモルファス）太陽電池である。三洋電機が長年培った技術によるアモルファスシリコン薄膜と単結晶シリコンを積層している。また、三洋電機のソーラーアークは太陽光発電を通じてエコロジー&サイエンスの心を育む活動を行う、世界でもユニークな箱舟型の太陽光発電施設である。全長三一五m、高さは三七m（ビルのほぼ一〇階分）で、日本の真ん中・岐阜県にあり、すぐ横を駆け抜けるJR東海道新幹線の窓からもよく見える。ソーラーアーク中央部にあるソーラーラボは世界でもめずらしい太陽電池の科学館である。平成一七（二〇〇五）年には〝光〟をテーマとしたアウトドア科学体験展示が日本で初めて誕生した。

第5章　新・消費株で勝負せよ

——株式投資のヒントは自らの「欲求」のなかに

●消費に対する認識のズレが、投資意欲に差をもたらしている

平成大不況が平成四年一〇月から平成一四年夏まで一〇年続き、この間、消費者は、「ディスカウント・ショップ」や「一〇〇円ショップ」で節約生活を凌いできた層と高額なブランド商品を買い漁る層と二極分化してきた。

小泉首相の構造改革の副作用の一つとして、「下流社会」「格差社会」が、政治問題化しつつあるけれど、これは、「景気上昇」により、日本経済が健全化していけば、解決可能な問題であるともいえる。従って、為政者は、「経済健全化」に伴い「景気上昇」から「賃上げ」や「国地方の税収増」を図り、「国民所得配分」の高水準化に努力する必要がある。

しかし、「生活が依然として苦しい」「景気回復を実感できない」という認識を持っている消費者が、大多数を占めている一方で、景気が上昇しており、「消費も拡大傾向を示している」という認識を持っている消費者も徐々に増え始めている。どちらの認識を取るかによって、株式投資への意欲や投資の仕方にも大きな差をもたらしている。これも「認識のズレ」のなせる業である。

これからの新しい日本が、どのような姿になるかは想像もできないが、世界平和が維持されていけば、地球に住むすべての人びとの生活は、確実に豊かになっていく。衣食住を彩る日常生活品においては世界の人びとの間で差別がなくなり、経済水準も均一化するであろう。

●中国、韓国、インド、ASEANで金持ち階級が増えている

現在人類のなかで最高のレベルにある先進国の消費者は、世界に先駆けて、豊かさをいま以上に享受している。中国でも一三億人の人民のうち、すでに四〇〇〇万人の高所得層、すなわち「金持ち階級」が生まれているという。韓国でもインドでも「金持ち階級」は増えつつある。

これらの階級は、たとえば、電気製品一つをとっても、従来型のテレビではなく、鮮明な映像を楽しめる「液晶テレビ」による高画質の「ハイビジョン」に急速に買い換えつつある。

陸上の交通手段は、電車から磁気による浮揚力を利用した「リニアモーターカー」の実用化が、遅れ気味ながら、いずれ東京―大阪間がわずか一時間で結ばれ、大阪が首都圏の一部になる。「リニアモーターカー」が世界中に普及していけば、ボーダーレス（国境なし）の時代の到来は、一気に早まるかも知れない。

遺伝子（DNA）治療の進歩やバイオテクノロジーの発展により食糧が十分に確保できるようになると、飢餓で死ぬ人びとがいなくなるであろう。

少なくとも日本および米国や欧州各国、韓国や香港、台湾、シンガポールといったASEAN諸国に限って言えば、工業製品やサービスが大量消費されて、平和なかでの豊かさを満喫できる時代がやってきている。

●株式投資のヒントは自らの「欲求」のなかにある

平成大不況を脱した日本は、再び、「大量消費時代」を迎えようとしている。日本では、すでに週休二日制度が常識となっており、人生を楽しむ方法を真剣に考えている国民が増えている。定年を迎えた約七〇〇万人の「団塊世代」が、ドッと超高齢社会の担い手となる「二〇〇七年」以降、「団塊の世代」向けの新しいビジネスが増えていくであろう。趣味や旅行を楽しむ高齢者が、新・消費時代を支えていくに違いない。

国民の間では、高品質、高性能、高技術、ハイデザインのブランド商品や製品への欲求はますます強くなる傾向を示しており、これからの時代は、間違いなく大量消費時代が再来する。これが、内需拡大を一層進めていく。株式投資においては、国民の欲望の向かうところを追っていけば、大量消費される製品をつくっている企業にぶつかり、株式投資の目標の発見は容易になるはずだ。いまや「新・消費株」こそ株式投資のヒーローなのである。株式投資のヒントは自らの「欲求」のなかにある。

●巨大企業の歴史は、投資判断の有力な手がかりになる

これからの新・消費時代を先導するのは、セブン&アイ・ホールディングス〈3382〉とイオン〈8267〉である。すでに流通・小売業は、この二つの「巨大グループ」が凌駕しているからである。

流通・小売業の戦いは、最後の決戦に入っている。これまでに、ヤオハンやダイエーなどが、戦いに敗れて、戦線を離脱したり、再建途上であったりする。

セブン＆アイ・ホールディングスとイオンのどちらが、最後の勝利者となるかは、予断を許さない。独占禁止法により、一社が市場を独占することは禁止されているので、「二強」か、もう一社加えて「三強」の時代が来ないとは限らないけれど、当面は、ともかく、この二社が覇権を激しく競い合う。

その激しいレースの過程で、株価も競い合うことになることは、十二分に予想される。この渦中で、株式投資戦に参戦するのも一興である。

どちらを贔屓するかは、投資家の好き嫌いに属することではあるが、将来を予測するには、両社のこれまでの歴史を知っておくことも、無駄ではない。それは、ここまで「巨大な企業」に成長するには、それなりの「経営上」の「秘密」があり、それが、「ここぞ」というときや難局を打破していく際の「力」になっているはずである。投資家にとって、そうした知識は、投資判断の有力な手がかりになるからである。

●セブン＆アイ・ホールディングスが百貨店をも加える壮大な企て

セブン＆アイ・ホールディングス（鈴木敏文会長）が、平成一七（二〇〇五）年一二月二八日、「西武百貨店」と「そごう」を持つ「ミレニアムリテイリング」との経営統合を発表し、「新たな流通形態を確立する」ことをアピールしている。

総合スーパー「イトーヨーカ堂」の再生に努めるとともに、「セブン―イレブン」のコンビニエンスストア事業の「二四時間営業」を継続し、そのうえに、百貨店をも加えるという壮大な企てである。百貨店が加わることによりセブン&アイ・ホールディングスが、地域商店街の再生にも力を発揮できる道を展望して、「まちづくり三法」の改正を先取りしようとしているようにも見受けられる。超高齢社会での「流通業」において、イオンを凌駕しようという意気込みも感じられるのである。もちろん、「ミレニアムリテイリング」(和田繁明社長)も「統合小売業の新モデルに挑戦したい」「西武鉄道の資産活用に向けて連携したい」と意欲満々である。

●鈴木敏文は「独立独歩の気風」の土地で育った

日本の流通業界を代表する株式会社セブン&アイ・ホールディングスの鈴木敏文代表取締役会長兼CEOは、日本経団連の副会長も務めている。

鈴木敏文は昭和七(一九三二)年一二月一日、長野県の東北部に位置する埴科郡坂城町で生まれた。坂城町は東京から二〇〇キロメートルに位置し、現在は、人口一万六五五六人の小さな町である。大峰山や鳩ケ峰、鏡台山、九竜山、太郎山、五里ケ峰、虚空蔵山、葛尾山、岩井堂山に囲まれ、町の中央に千曲川が流れ、日名沢川、御堂川、谷川、福沢川も流れる「山と川」の町でもある。

坂城町は戦国時代、信濃の雄「村上義清」の居城があり、甲斐の武田信玄と幾度も激しい戦いを繰り広げたところとして知られている。江戸時代には、徳川幕府の天領となり、「信濃天領」の中心地として代官所が設置され、江戸と北陸を結ぶ北国街道の宿場町として栄え、参勤交代の行列や善光寺詣の人々が盛んに行き交ったという。上田にも長野にも属さず、「独立独歩の気風」が根づき、これが現代、「起業家」が育ちやすい環境につながっているといわれている。

坂城町は、乾燥していて日当たりがよく、炉が湿らないため「作刀」に適している。刀匠・宮入行平が昭和三八年、人間国宝に指定され、「刀匠の町」として広く知られるようになった。戦前、東京などから工場が疎開してきて、今日の「工業の町」の基礎ができ上がった。「疎開工場」からの分離独立（スピン・オフ）した企業が多く、人口と照らして「五〇人に一人が社長」の町である。

いまは精密機械、自動車部品、金属加工、機械加工、ＮＣ・ＭＣ工作機械、産業洋ロボット、ＦＡ機器などで支えられた世界的市場を持つ研究開発型企業の町として発展しており、経済的には、上田市を中心とした東信地域との結びつきが強い。

長野県人と言えば、「議論好き」で「頑固」で「実学を尊ぶ」という県民性があり、「教育大県」として知られる。今日では「高齢者の就業率」が概ね四割（最も低い県の二倍）に達しているという。

鈴木敏文は、こうした風土、土地柄、県民性のなかに生まれ、育ち、少年時代を過ごした。

ちなみに、長野県は「日本の製紙王」と言われた王子製紙の藤原銀次郎や東急財閥の創始者・五島慶太（小県郡青木村出身）、紳士服の「アオキ」〈アオキインターナショナル・8214〉の青木拡憲、「ヨドバシカメラ」〈2779〉創業者・藤沢昭和（諏訪市出身）、「ユニー」〈8270〉の佐々木孝治（飯田市出身）、「三越」〈2779〉の中村胤夫（塩尻市出身）、「養老の滝」チェーン創業者・矢満田富勝、「鐘紡」の伊藤淳二、「花王」〈4452〉の丸太芳郎、「カルピス」〈2591〉の武藤高義（飯田市出身）、「ナムコ」〈2540〉の高木九四郎、「セガ」〈セガトイズ・7842〉の小口久雄（岡谷市出身）、「松井証券」〈8628〉の松井道夫（松本市出身）、「養命酒製造」〈2540〉の塩沢太郎「キッセイ薬品工業」〈4547〉の神澤陸男らの錚々たる経済人を輩出している。

●引っ込み思案な性格の矯正を決意する

だが、鈴木敏文は、引っ込み思案の性格だった。この性格を意識的に矯正しようと決意し、上田東高校に入ると陸上競技部とともに弁論部にも所属した。この努力が実り、人前でも臆せず話せるようになってきたという。鈴木敏文のいわば「自己改造」の成果であった。

上田東高校を卒業後、鈴木敏文は中央大学経済学部に進学する。大学では、学生運動にかかわりを持った。弁論部の経験が功を奏して演説の上手さが買われた。

二年生のとき、全学自治会の書記長に立候補した。学生自治会の役員は、学内や街頭で原稿なしで演説することもしばしばだった。この訓練のお陰で、「いまでも二時間ほどの話しなら、原稿を用意しなくても話すことができる」という。

●東販の研究所で統計学や心理学を学ぶ

鈴木敏文は昭和三一（一九五六）年三月に中央大学を卒業して、四月、出版取次の最大手である東京出版販売株式会社（東販、現・トーハン）に入社した。出版取次とは、発行者である出版社と小売である書店の間に位置する出版流通の要である。

鈴木が最初に配属されたのが、書籍の返品係だった。しばらくして出版科学研究所に異動となり、そこで統計学や心理学を学んだ。電子計算器（後に、コンピュータというようになる）に触れる機会を得た。

●「新刊ニュース」を改革、刷新する

その後、「広報」に異動となり、「新刊ニュース」の編集を担当した。これは各出版社が敢行した書籍の内容を案内する宣伝物である。

当時の発行部数は、五〇〇〇部程度で、しかも新刊書の内容はおざなりだった。編集作業も面白いものではなかった。

「どうせ編集するなら、面白いものにしたい」

こう考えた鈴木は、「新刊ニュース」の改革を提案しようとした。まず、判型を「Ｂ５版」から「Ｂ

6横判」に変えようとした。先輩社員の反対を受け、鈴木は社長に直接提案して了承を得た。判型を変えるだけでなく、記事内容も変えた。新刊書の著者たちのインタビュー記事を掲載した。無料掲載なので、出版社の人は、いろいろと便宜を図ってくれた。谷崎潤一郎や井上靖など著名な作家も、快く会って話を聞かせてくれた。

紙面刷新をした結果、「新刊ニュース」はたちまち部数を伸ばし、一三万部に達した。

●「ヨーカ堂」を紹介される

だが、多くの作家たちと話す機会を得たものの、鈴木は、何か満たされないものを感じた。

「東販は、たしかに大会社でしっかりと安定しているけれど、反面、半官半民のような堅実すぎて、自分には合いそうもない。外に出てやり直した方がいいのではないか」

こんなことをいろいろと考えていた。転職も視野に入れていた。そんなとき、中央大学同窓生で同郷の友人から、たまたま「ヨーカ堂」を紹介された。

当時の鈴木は、スーパーマーケットも、ましてやヨーカ堂も知らなかったので、自分が将来、スーパー業界にかかわるなどとは、夢想だに思わなかった。

ヨーカ堂本部は木造建築の二階にあった。ギシギシ音のする古い階段を上って、部屋に入ると、そこに伊藤雅俊がいた。

●羊華堂の源流

羊華堂は、伊藤雅俊の母・ゆきの実弟・吉川敏雄が大正九（一九二〇）年、東京都台東区浅草・山谷に洋品店を開いたのを源流にしている。

日本人の大半が、和服を着ていた時代である。洋品を買うこと自体が、ハイカラであった。その意味で、時代の先端を行っていた。姉弟の実家は、東京・神田の万世橋で乾物屋を営む商家だったこともあり、姉弟ともに商才に恵まれていた。

当時、東京・銀座に「日華堂」という洋品店があり、大変繁盛していたので、この店にあやかり、「華」の一字をもらった。吉川敏夫は明治二八（一八九五）年、未年生まれだった。干支の未から「羊」にもじり、「羊華堂」と命名し屋号とした。

●関東大震災に襲われる

ところが、開店から三年経た大正一二（一九二三）年九月一日、関東大震災に襲われ、「羊華堂」の店舗は全焼してしまう。店がようやく軌道に乗っていた矢先の思いもよらない被災だったので、経営は振り出しに戻ったのである。

だが、震災の混乱が収まったころ、吉川敏雄は、「羊華堂」を再開した。多大の被害を受けていたにもかかわらず、店は間もなく再び軌道に乗り、商いは順調に拡大、浅草界隈に四店舗を持つまでに成長するのに、さほど時間はかからなかった。

伊藤雅俊の母・ゆきは、東京日々新聞の新聞記者（現在の毎日新聞）と結婚し、明治四四（一九一一）年、長男・譲を生むが、ほどなくして夫と離別。再婚して二男・雅俊が誕生する。

●「羊華堂」をのれんわけ

母・ゆきと長男・譲は、叔父・吉川敏雄の「羊華堂」を手伝っていたが、昭和一五（一九四〇）年、「のれんわけ」をしてもらい、浅草で同じ屋号の店を持った。母・ゆきは、商家の娘らしく、商才を発揮していたが、二度目の結婚も長続きせず、離婚し、店は母・ゆきと長男・譲が苦労を重ねながら切り盛りした。ある日、伊藤雅俊は、兄・譲から進学を勧められる。

「お前は学校へ行け、これからは学校を出なければダメだ。学費は自分が出す」

伊藤雅俊は、兄に感謝しつつ、横浜市立商業専門学校（現在の横浜市立大学）に進学した。卒業後、三菱鉱業に就職、間もなくして軍隊に召集された。

だが、昭和二〇（一九四五）年、大東亜戦争末期、米軍機による激しい東京空襲を受けて、下町は焼け野原になり、母・ゆきと兄・譲が守っていた「羊華堂」も焼失した。

●伊藤雅俊の母が教えた商いの基本

戦後、伊藤家は、浅草を離れ、足立区北千住で二坪（六・六㎡）を借りて、戸板の上に商品を並べて売る商売を再開した。伊藤雅俊は、復員し、復職していたが、連合国軍最高司令部（G

ＨＱ）が断行した民主化政策の一環で行われた財閥解体の余波を受けて三菱鉱業を退職し、家業を手伝うことになった。

店先を閉めることもできないほど小さく、狭い店ながら、母・ゆきは、愚痴や泣き言を一つも漏らさず、懸命に働き、二人の子どもにいろいろと言い聞かせた。

「いまこうしていられるのも人様のお陰なのですよ」

「水は両隣の前にも撒くものです」

「ハタキは上の方から掛けるのです」

「お客さまは買ってくれないのが当たり前です」

「世の中は不公平が当たり前です」

母・ゆきは、抜群の記憶力の持主だった。客が以前に買ってくれた商品のほとんどを記憶していた。客の家族構成まで頭に入れて、商売に励んでいた。こうした母・ゆきの数々の教えから、伊藤雅俊は、「お客さまの立場に立つ」という商売の基本を悟ったという。

●「うちへ来ないか」と誘われる

鈴木敏文が訪問した当時の羊華堂は、発展して、昭和三三（一九五八）年、株式会社として登録しており「株式会社ヨーカ堂」という社名になっていた。テリトリーは、東京・赤羽、千住、小岩、立石、埼玉県北浦和の五店舗を持つ会社だった。規模で言えば、東販とは雲泥の差があった。

伊藤に初めて会ってから、しばらくして、伊藤から、

「うちへ来ないか」

と誘われた。鈴木敏文は昭和三八（一九六三）年九月、スーパーのイトーヨーカ堂に途中入社した。三〇歳のときであった。

●大型化路線が二つの難題に直面する

イトーヨーカ堂は一九六〇年代、小売業の量販店と同様に、店舗の大型化路線を走り続け、昭和三六（一九六一）年から「レギュラーチェーン政策」に取り組み、他の量販店と同じように大規模店による規模のメリットを追っていた。

だが、大規模店出店を展開していく上で、地元小売店の反対運動に合い、二つのジレンマにぶつかっていた。

一つは、大型化路線の限界である。大規模店が出店していくと、古くから地元に親しまれてきた小規模の小売店を廃業に追い込まざるを得なくなる。「小売業は地域密着型の産業である」という小売業の在り方からすれば小規模の小売店との「共存共栄」を図らなくてはならない。小売業界では「大きい方が常に勝つ」という考えが支配的であり、イトーヨーカ堂が新規出店をする際には、中小小売店の激しい反対運動が起こっていた。

もう一つは、小売店の宿命ともいえる「低い生産性」である。中小小売店の状況は生産性が低く、売り上げは低迷し、人件費などのコストがかさばっていた。これは「川上から川下へ」という流れからすれば、どうしてもメーカーに主導権を握られ続ける運命にある。商品供給と情報伝達のいずれも、メーカーの手中にある。

この難題を解決し、小売業の自主性を確立しなければ「小売業の将来」はあり得ない。当時のイトーヨーカ堂の売り上げは、小売業界では一七位であり、経営基盤は磐石と言えるものではなかった。イトーヨーカ堂の経営陣は、危機感を抱いていた。

「このままでは、大手に飲み込まれてしまうのは、火を見るよりも明らかだ。座して死を待つわけにはいかない」

●中小小売店との共存共栄の道を探る

だが、逆転の発想をすれば、「既存の小売店と共存共栄」の道を切り開き、小売業の構造的な限界という宿命を打破し、生産性の向上が実現できれば、大きなビジネスチャンスをつかむことができる。

鈴木は東京出版販売株式会社（現在の株式会社トーハン）に勤務していたころ、組合運動を行っていた経験があり、労働生産性について考えをめぐらしていた。つまり労働生産性という視点から、小売店の不振の原因を考えていたのである。製造業というのは、規模と生産性には必ずしも相関関係があるとはいえない。それが小売業となると、規模が小さいということから、付加価値生産性や労働生産性が劣化してしまう。鈴木は、この問題について、こう考えた。

「現実は売り手市場から買い手市場にすでに変化している。それにもかかわらず、意識と行動が売り手市場の時代のままである」

買い手市場に対応するための具体的な方法にするには、どうすればよいか。

「一貫した経営システムによって消費者のニーズに応えることであろう。そしてそれを実現することができる形態としては、コンビニエンスストア以外にはない。そのコンビニエンスストアをフランチャイズ展開加盟店として参画することこそ、中小小売店との共存共栄を実現できる有力な道ではないか」

イトーヨーカ堂の経営陣は昭和四五（一九七〇）年前半、この難題を解決して活路を開くべく、新しい事業の機会・検討とプランニングを目的とする「業務開発室」を設置した。当時人事・広報を担当していた取締役の鈴木敏文が責任者となり、店舗開発部総括マネージャーであった清水秀雄が補佐し、解決策を模索した。

●とにかくアメリカに行ってみよう

このころ。流通業の先進国はアメリカであった。流通業の近代化を図ろうと意欲的な経営者は、積極的にアメリカに渡り、各地を視察し、新しいノウハウの吸収に努めていた。鈴木は清水に言った。

「日本にいて考えていても何も始まらないぞ。とにかくアメリカに行ってみよう」

思い立ったら、直ぐに行動に移すのが、鈴木の習性だった。新事業のヒントを求め、アメリカ視察に飛び立った。

二人は、広大なアメリカの大地に立ち、「レストランチェーン」に目を見張った。まだ日本で確立されていない新しい小売業の姿がそこにはあった。そこで、最大手のデニーズ社と交渉してみようと決めた。デニーズは当時、コーヒーショップレストランのチェーン展開をしていた。鈴木は、

「業務提携をするなら、業界トップで、最も優れた技術と経験が集積されている業界のナンバーワン企業と手を結ぶに限る」

とデニーズにターゲットを絞った。

アメリカ最大手と日本の業界一七位という大差に気は引けたものの、知人の仲立ちを得て交渉をスタートさせた。

だが、意気込みに反して、デニーズ社は日本進出をまったく考えていなかった。このため交渉は、当初から難航した。粘り強く説得した末に、昭和四八（一九七三）年五月、業務提携とまでは行かなかったけれど、ようやく「ライセンス契約」の締結に成功することができた。

●偶然、セブン―イレブンにめぐりあう

だが、瓢箪から駒という諺通り、このデニーズとの交渉を進めていた過程で、思いがけない大きな拾い物をすることになる。

鈴木と清水は、広い道路から住宅地に入る街角で、食品店とも雑貨店とも言えない小さな店をよく見かけていた。地元の人々は「7-ELEVEN」と呼んでいた。

こうした小さな店がアメリカ全土に約四〇〇〇店もあると聞き、腰を抜かした。鈴木はこの「7-ELEVEN」のとりこになってしまい、デニーズ社との交渉と平行し、「7-ELEVEN」を経営していたサウスランド社との「提携交渉」も行おうと決めた。

サウスランド社は当時、世界最大規模を誇る食品小売会社であり、コンビニエンスストアのチェーンであった。懸命に努力を続けていれば、偶然にも幸運にめぐりあうことがあるという一つの実例である。

●サウスランド社との交渉は難航した

しかし、サウスランド社と交渉するとは言っても、何のツテもなかった。鈴木と青木は飛び込み同然でサウスランド社を訪問した。もちろん最初は門前払いである。そこでアタックの方法を探り、昭和四八（一九七三）年四月、ようやく知人の紹介により、遂に、交渉のテーブルに着く機会を得た。

だが、世の中は、甘くはなかった。提携の条件をめぐり、なかなか折り合いがつかず、交渉は難航を極めた。相手もこちらも、自分の立場をガンとして譲らず、時には声を荒げてテーブルを叩くこともあり、条件を述べ合った。交渉が暗礁に乗り上げ沈黙が続いて決裂し、それぞれ別室に戻り、相談しては気を取り直して、交渉を再開する。交渉―決裂―相談の繰り返しである。

交渉を始めてから七か月以上すぎたころ、イトーヨーカ堂とサウスランド社は、どうにか妥結し正式に調印にたどり着くことができた。契約の内容は、日本にフランチャイズ方式でコンビニエンスストア事業を展開する技術導入のための「エリア・サービスおよびライセンス契約」というものであった。サウスランド社から手に入れた「マニュアル」は、電話帳よりも分厚いものだった。このなかに「ノウハウ」がぎっしり詰まっていた。

●第一号店が東京・江東区で産声を上げる

日本で初めてのコンビニエンスストア、セブン―イレブンを日本で展開するため、イトーヨーカ堂は昭和四八（一九七三）年新会社「ヨークセブン」を設立した。資本金は一億円、代表取締役社長には伊藤雅敏が、専務には鈴木敏文が就任した。従業員わずか一五人からのスタートだった。

しかも、社員のほとんどが、他業界からの途中入社組、つまり「素人の集まり」であった。

この人事政策をあえて取ったのは、「コンビニエンスストア事業はこれまで日本にはない新しい業態であるから、量販店の発想や商法からは完全に脱却する必要がある」という理由からであった。鈴木は「すでに持っている先入観で、新しいチャンスの芽を見逃さない」というのを早くから経営哲学の一つにしていた。つまり「過去の否定」である。

新会社設立後、間もなく第一号店が東京・江東区で産声を上げた。営業時間「朝七時から深夜一一時まで」という従来に新しい形態の小売店の登場である。

●社員研修でフランチャイズ精神を学ぶ

サウスランド社での研修には、多くの社員が渡米し参加した。研修項目に日本式とは異なる形式の「レジ打ち」があった。鈴木は、研修を受けている社員たちの姿を見て、

「わざわざアメリカまで来て、そんなことをやる必要はない。日本ではやらないようなことを勉強しても仕方がない」

と怒った。同時に、

「サウスランド社のマニュアルの直訳や直輸入でよいのだろうか」

という疑問を抱いた。それでも、大切な「ノウハウ」をたくさん吸収できたのは、収穫だった。何事も「コロンブスのタマゴ」である。わかってしまえば、何ということはないことではあっても、分からなければ「秘密」のままで、いつまで経っても、現状を打破することはでき

ない。ましてや「ノウハウ」をマスターするどころではない。

たとえば、最大の収穫は「本部（フランチャイザー）と契約者（フランチャイジー）の信頼関係を重視している。本部と加盟店はそれぞれ独立した存在であり、対等の関係である」というフランチャイズの精神を学んだことであった。

研修を受けた社員の意識が大きく変わったのも、また貴重な収穫であった。それは「利益重視」の考え方と、「コンビニエンスストアは値下げをしない」という哲学であった。

コンビニエンスストアは、規模も商品アイテムも大型店と比べると少ないため、値下げは利益の減少しかもたらさないので、あくまで利益をベースにおいたシステムの整合性を目指さなくてはならない。これが経営の基本的立場である。つまり、大型店が何十万点のアイテムを揃えていて、値下げによって来客点数を増やし、売り上げを伸ばすことも可能で、値下げも、有効な「販売促進戦略」の一つである。これに対して、コンビニエンスストアは値下げできない小売業なのである。

●キャッチフレーズが誕生する

創業当初、コンビニエンスストアが、一般消費者にほとんど理解されていなかった。そればかりか、加盟店候補のオーナーや、ヨークセブンの従業員でさえも、はっきりとしたイメージはつかめていなかった。このため、鈴木たちは、まず「コンビニエンスストアとは何か」を、社員自身が明確に説明できるようになることを目指した。

コンビニエンスストアの概念を具体的に噛み砕いて、ようやく「コンビニエンスストアは便利店」というキャッチフレーズが誕生した。加盟店候補のオーナーに説明する時には、さらに分かりやすくするために「タイム・コンビニエンス」という言葉を使い、「いつでも開いていて必要なものがある」という理念を伝え、コンビニエンスストアへの理解を求めた。

セブン―イレブンは現在、売上高二兆一三二億円、店舗数九六九〇店（二〇〇三年二月現在）を誇るコンビニエンスストア業界の雄にまで大成長を遂げている。

●イオングループの総帥・岡田卓也は「岡田屋八代目」

創業二〇八年、卓也は初代、五代、それに姉から受け継いできたいわば「岡田家のDNA」を三人の息子たちの精神に吹き込み、刷り込んでいる。

長男・元也は、イオン代表取締役社長である。小売業界にあって岡田屋の八代目として父を乗り越えていこうと懸命である。

二男・克也（民主党代表）は、野党第一党・民主党の前代表として政権を窺う。

三男・高田昌也は、中部地方のブロック紙・中日新聞社で「情報」に携わっている。

岡田家の兄弟は、イオングループの中核「岡田屋」と「一族」をしっかり支えている。岡田屋の創業者が、「天秤棒一本」から身を起こし、約二〇〇年を経て、その子孫である民主党の岡田克也前代表が、ついに「天下取り」の寸前までたどりついた。

しかし、岡田家の成功は、父子二代で成し遂げられるものでもない。遠く始祖から今日に至るまでの数多くの人々の努力の積み重ねあっての賜物である。

だが、それにもまして、戦後六〇年、破竹の勢いで飛躍した原動力となったのは、卓也の世の中に対する反発力とそれを十分理解している克也の功名栄達心にあると見て間違いないだろう。

卓也は昭和二九（一九五四）年、四日市商工会議所の商業部会長に就任し、一九五五（昭和三〇）年の議員改選の際、人格否定に近い屈辱を味わわされた苦い経験がある。当時、会議所議員は五五人だった。このうち小売業者は、卓也を含めてわずか二人だった。卓也は、小売業代表者一〇人を立候補させた。そのとき、古参議員の一人が、

「商業部会で一〇人を立候補させるなど、無茶な話だ。岡田君、小売業など言ってみれば雑魚《ざこ》じゃないか」

と吐き棄てた。小売業蔑視の考えが根強く巣くっているこの一言に悔しさを噛みしめて奮起した。以後、小売業の向上を目指して奮闘を続けてきた。

実業界で功成り名を遂げた卓也は、一族のさらなるステイタス・アップに情熱を注ごうとした。

●初代・岡田惣左衛門は、鉱山の管理職から商人となる

まず、岡田家のルーツから述べよう。

江戸時代の中ごろ、三重県の鈴鹿山脈と養老山地に挟まれた谷あいの員弁郡治田郷（現在の北勢町）に、銀や銅を産出する鉱山があった。だが、鉱山は掘り尽くされ、ついに廃山となり、銀や銅の産出に従事していた人々は、山を下り、新天地を目指した。

それらの一団のなかに、鉱山の管理職を務めていた岡田惣左衛門という男がいた。鉱山では管理職を務めていたが、失業した坑夫やその家族たちの行く末を慮り、彼らを引き連れて近くの新町に移り、庄屋となった。

荒れ地を開墾し、茶や桑を栽培して、茶は北陸地方で売り利益を得るようになった。やがて、商いの「うまみ」を覚えた惣左衛門は一大決心をする。

「ここを出て、四日市に行って、商いをしよう」

一家を引き連れて、伊勢湾の海辺に近い四日市に移住し、久六町の横町に住みつく。近くに醤油を扱う篠原屋という店があり、この屋号を使わせてもらい、小売業を始めた。一七五八（宝暦八）年のころだった。岡田家はこの年を創業時としている。

四日市は東海道五三次のうち一〇番目くらいの規模を維持していた。四日市港は江戸航路の基地として栄え、熱田をはじめ伊勢湾の諸港へ行き交う商船や回船で賑わっていた。久六町は小さいながらも、西町に次ぐ古い町だった。だが、表通りから入った横町のため座って商売で

きるような場所ではなかったので、岡田家は、幕末まで「篠原屋」を名乗り代々、天秤棒を肩にして絹・麻織物の「太物」や味噌・醤油・油などの「小物」の小売、行商を営んでいた。

元祖・岡田惣左衛門は一七九八（寛政一〇）年に没した。享年不詳。二代・岡田惣右衛門は一八一一（文化八）年没、享年不詳。三代・岡田惣助は一八五〇（嘉永三）年没、享年七六歳、四代・岡田惣八は一八八五（明治一八）年没、享年六六歳。四代まで岡田屋に目立った動きはなかった。

●五代目が近代小売業の先駆けとなる

岡田家は、五代・岡田惣右衛門（幼名・由松）の時代になって、飛躍的な発展を遂げるようになる。太物、小物を天秤棒に担いで一軒一軒訪問する「行商方式」から「出張方式」に転換したのである。日本の小売史上、大きな革命を意味していた。五代目・惣右衛門は明治九（一八七七）年、三重県伊倉村の稲葉のぶと結婚する。二六歳のときだった。のぶは、私財を投げうって四日市港の築港に貢献した稲葉三右衛門の家系の出だった。五代目・惣右衛門は明治時代末期、四日市一番の地位を確立し、このころ、「二つのモットー」を確立する。

一、より良い品をより安く。

一、大黒柱に車をつけよ。

「大黒柱に車をつけよ」というのは、「いつでも立地条件のよいところへ家を動かせるようにしておけ」という意味である。

五代目・惣右衛門は一八八七（明治二〇）年住み慣れた久六町から出て、「辻」の南町へ移している。中心部「辻」から東へ二軒目のところである。初代・岡田惣左衛門が創業して一三〇年後のことであった。これをきっかけに屋号を「岡田屋」に改めている。五代目・惣右衛門の長年の夢だった。一〇年後には、この店も手狭になり「辻」の北町一番屋敷に店を移している。

五代目・惣右衛門夫妻には、子どもがいなかった。

「このままでは、店が亡びてしまう。夫婦養子をもらおう」

惣右衛門の妹・ひさのに婿養子として前田末吉を迎えた。末吉は、西町の紙商「鍵忠」に奉公していて、その勤勉な働きぶりに、惣右衛門の母・うのが目をとめて、見込んだのである。末吉・ひさの夫妻の間には、長女・とよ、次いで、一八八五（明治一八）年に長男・惣一郎が生まれた。卓也の父である。

惣右衛門は、とよ、惣一郎の二人を自分の子として入籍し、のぶが育てた。末吉は、惣七と名を改めて西町に分家した。

●五代目が「下げ相場」を逆手に「暴落大売出し」で巨利を得る

第一次世界大戦後の大正九（一九二〇）年三月一五日、世界は経済恐慌に見舞われ、四日市でも、問屋の投げ売りが始まった。岡田屋の蔵には、冬のうちに仕入れていた春物が大量に詰

まっている。在庫を抱えて番頭たちは、

「どうしたらよいか」

と頭を抱えて、うろたえていた。そのころ病床に伏せていた五代目・惣右衛門は、番頭たちを枕元に呼んで、こう言った。

「うろうろすんな。店の蔵の品物は、ぜんぶタダになったんやと思ったらええ。半値で売んのや。タダみたいになってしもうた品物を、値上がりするまで売り惜しむなんて、小売屋のやることやないわさ。上げでもうけやんでもええ。下げでもうけたらええのや」

五代目・惣右衛門は、惣一郎や番頭たちを大口の得意先に集金に走らせた。これで仕入れ資金をつくり、京都や名古屋の問屋、関東や越後などの産地に出向いて安価で大量に仕入れ、四日市で最大の劇場を借り切って、五月一日から三日間、「暴落大売出し」を行わせた。

続いて、桑名、亀山、神戸と出張売り出しを展開、本店でも「暴落大売出し」を十数回行い、仕入れ代金、諸経費を差し引いて二五万円に登る巨利を得た。「下げ相場」を逆手に取ったのが功を奏したのである。それを見届けるように五代目・惣右衛門は一二月二四日、この世を去った。

●七代目となる岡田卓也が誕生する

大正一四（一九二五）年九月一九日、四日市市西町の岡田家で男の子が生まれた。長男・卓也である。上には四人の姉（嘉鶴子、千鶴子、稔子、みどり）がいた。

このとき、父は四二歳、厄年だった。この土地の「厄払い」の風習に従い、生まれたばかりの卓也は、近くの三滝川にかかる三滝橋のたもとに捨てられ、直ぐに拾われて岡田家に帰ってきた。

だが、卓也は二歳のとき父が、一〇歳のとき母が他界したため、四人の姉と店員たちによって訓育される。卓也は昭和二〇（一九四五）年三月、早稲田大学商学部在学中に、一年繰り上げの兵役に徴集され、陸軍初年兵として訓練を受け、同（昭和二〇）年九月二一日、兵役から復員、帰郷した。

岡田屋は、父母、上姉が相次いで他界していたため、この間、次姉の千鶴子が代表取締役に就任し、「陰の七代目」として店を切り盛りして卓也の帰郷を待っていたのである。この間、千鶴子は、神戸高等商業学校の平井泰太郎教授をわざわざ招いて経済学を学ぶほどの才女だった。平井教授から教えられたことが後の経営に大いに役に立つ。

ところが、昭和二〇（一九四五）年六月一八日の空襲で岡田屋本店をはじめ、西町の旧本宅も西町三区の本宅も焼けた。一〇月初め、本宅の焼け跡の芝生に姉の千鶴子、卓也、母方の祖父・美濃部貞治、加藤徳一、岩田庄七、田木信一の六人が車座になって営業再開の計画を練り、焼け跡からの再起を図った。

昭和二一（一九四六）年二月一七日、幣原内閣は、インフレ抑制策の切札として「金融緊急措置令」を発令した。従来の紙幣の運用を停止し、新円を発行するというものだ。旧円は、銀行や郵便局に強制封鎖され、新円の引き出し限度額は、所帯主で一か月三〇〇円、家族は一人当り一〇〇円だった。

この金融緊急措置令を前に、岡田屋としては、戦後最大の意思決定を行った。戦時中、千鶴子が目にした書物に、第一次世界大戦後のドイツを襲った狂乱インフレに対する通貨の改革による収拾策が記されていた。

昭和二一（一九四六）年が明けて早々、日本経済新聞が新円切り替えの近いことをスクープしていた。千鶴子は、ドイツの事例を想起し手持ちの現金をすべて商品に換えた。千鶴子は、新所帯を構えた卓也に全権を託して、自らも小嶋三郎と結婚したが、千鶴子は、「情報に敏感であれ」と密かに卓也に伝授していた。

●早稲田大学在学のまま卓也が社長に就任する

岡田屋呉服店は昭和二一（一九四六）年六月、新たに株式会社岡田屋として発足、代表取締役には、早稲田大学在学のまま卓也が、就任した。卓也は、週に一度、夜行列車で上京し、勉学を続行し、東京では大きな風呂敷に仕入れた品物を包んで行商もして商才を発揮して利益を上げた。

昭和二一（一九四六）年六月、戦前からの岡田屋呉服店は、新たに株式会社岡田屋と同年七月二日と三日、戦後初めての売り出しを行った。広告には、「焦土に開く」というチラシを新聞に折り込んだ。卓也は岡田屋の知名度アップ作戦を徹底的に行ったのである。

売り出しも折り込み広告も四日市では、戦後初めてのことだった。ようやく平和で落ち着いた時代が戻ってきていた。

●「衣料品は岡田屋へ」のポスターを貼る

さらに昭和二二（一九四七）年正月には四年間途絶えていた福引景品付きの初売りを復活した。一等は下駄箱、以下、クリーム、檜のまな板、金属製石鹸入れ、鼻緒、クリップなどだった。

一方、深刻な物資不足が続くなかで、配給品の横流しや闇商売が横行した。闇市の猖獗ぶりに手を焼いた政府は、昭和二二（一九四七）年九月、衣料品の切符制を復活し、「配給店登録制」を施行した。消費者は、自分が登録した配給店で購入するという制度である。このときは、販売量と配給量がリンクしており、店が販売回収した点数に応じて、翌月の配給量が決定された。

岡田屋は、登録制度発表と同時に、「衣料品は岡田屋へ」というポスターを各所に貼り出した。

卓也も千鶴子も店員と手分けをして、戸別訪問し、登録の勧誘に歩いた。衣料切符の登録が多い農村地区へは、毎月出張して売り出した。配給衣料品と雑貨品をブリキ箱に入れて、それを自転車の荷台に積み上げて鈴鹿山麓の町や村を回った。村の公民館や大きな農家を借りて雨戸を並べて売り台が、即席の店舗だった。

出張販売のリーダーは卓也だった。岡田屋の登録数は、四日市はおろか、三重県下で第一位となった。

昭和二四（一九四九）年一二月一七日、岡田屋新道店がオープンした。間口五間半、奥行き二〇間、売場面積一九九㎡の本格建築だった。

開店大売出しでは、初日は、一七四万八九二六円五〇銭、二日目は、一〇三万二四四四円九〇銭、三日目は、五一万四五四二円九五銭、在庫品の半分が売れた。岡田屋自身はもとより、問屋も銀行も驚いた。

新道店は四日市の新しい繁華街に位置していて、この店舗立地の良さが、功を奏した。そのうえ、店は大きく、商品も安い。商いの条件が三拍子揃っていたのだから、売れて当然だったとも言える。

さらに卓也は、岡田屋のマークの入ったベンチを市内の各所へ寄贈した。通りがかりの人やベンチに座って一休みしたりする人々が、嫌がうえにも岡田屋の名前を目にする。

昭和二五（一九五〇）年一月、卓也は、高田保子と結婚した。

●デフレ、暴落を感じ「大売り出し」を行い「下げで儲けよ」を生かす

昭和二五年（一九五〇）六月二五日、朝鮮戦争が勃発した。この年から昭和二六年（一九五一）にかけて、日本はアメリカ軍の朝鮮出動の中心基地となり、戦略物資の調達が始まった。いわ

ゆる朝鮮特需である。特需物資は、戦争用資材から民生用の食料、衣料、さらにサービスの分野まで及んだ。

昭和二八年（一九五三）ごろと、日本の生産水準は戦前の水準まで回復した。卓也は昭和二六年（一九五一）一二月、名古屋の大手問屋「瀧定」の荷開きに出向いた。荷開きには、上得意で構成する「名瀧会」のメンバーが招かれて優先的に仕入れられる。

ところが、その日は、懇意にしていた瀧定幹部の一人から、「今日は控えめに」と伝えられた。周囲では百貨店、卸問屋のメンバーが開梱されたサージ生地を大量に買い付けていた。卓也は、その足で愛知、京都、大阪などの主だった産地の情報集めに走った。

このころ、日本は「ドッジ・ライン」によるインフレ抑制対策のため、逆にデフレ状況が現出し、金詰まりによる企業の倒産が続いた。メーカーは、在庫過剰に苦しんでいた。暴落を感じ取った卓也は、「大売出し」を決意し、トラック単位のサージ地を仕入れた。五世・惣右衛門の残した教訓「下げで儲けよ」を生かした。

●奇抜なアイデアで市民の話題を呼ぶ

卓也は昭和二八年（一九五三）、七〇メートル道路に面した駅前の土地買収に取りかかった。店舗拡大である。

岡田屋の売場面積は、新道移転当時一九九㎡だった。それが、昭和二七年（一九五二）には、三三〇㎡、昭和三一年（一九五六）には、七六九㎡、昭和三二年には、一〇三四㎡に増床している。新道移転当時の約五〇倍、売上は十倍に伸ばしている。

昭和三年（一九五五）一二月、開店記念セールを行った。期間中、一か月間、毎日必ず一台の電気洗濯機が当たる大抽選会を開いた。

昭和三一年（一九五六）には、商店街連合会の歳末売出しの特賞景品は、自動車だった。五万枚のチラシに自動車の写真を掲載して、この車で市内パレードを行った。このアイデアと引き換えに、メーカーは、自動車の無償提供を申し出てきた。

この後も、岡田屋は、入場料を徴収する売り出し、店内宝探し、オーバー生地一着買えば一着無料セール、クーポン券付きセールなどの奇抜なアイデアで市民の話題を呼ぶ利益還元セールを矢継ぎ早に打ち続けた。

卓也は同年、四日市商工会議所常議員に就任、昭和三二年（一九五七）には、四日市商店連合会会長に就任している。

●城下町・津市での破格値に大騒ぎ

昭和三二年（一九五七）二月、岡田屋は三重県の県庁所在地・津へ出店した。津の中心地である丸の内の商業施設「中日会館」の一階部分一〇〇坪に出店を要請された岡田は、津駅のロータリーに立ち、人の流れを観察するとともに、金融機関での情報収集に努めた。この結果、津は新しいものに馴染みにくい土地柄であることがわかった。

岡田屋の社内では、出店に否定的な意見が多かった。だが、良い商品をお値打ちな価格で品揃えし、現金・正札販売に自信を持つ岡田は、出店を決意した。

「津に来て物怖じするな」という言葉がむかしからあるように、津市内の住民の動きを見ていると、城下町の住民らしく、いかにも上品で鷹揚な身動きが目立った。だが、破格値を目にした途端、大騒ぎとなり、出店は成功、岡田屋商法で臨めば四日市以外の土地でも十分やっていけるとのメドがついた。

●近鉄駅前に「オカダヤ四日市店」開店

昭和三一年（一九五六）一一月、国鉄東海道線全線の電化完成を前に、四日市を横断する近鉄名古屋線は、名阪直通運転に備えて線路の改良を行った。四日市市内の線路は、真っ直ぐになり、七〇メートルの道路ぎわに現在の近鉄四日市駅が開設され、旧諏訪駅と四日市駅が廃止された。

駅前が移動したのに伴い、商店街が、新駅を目指して動き出した。戦後二度目の繁華街商店移動である。岡田屋も何のためらいもなく、直ちに新駅の駅前に新店舗を開設した。「大黒柱に車をつけよ」という社是をここでも実行、昭和三三年（一九五八）四月、近鉄駅前に「オカダヤ四日市店」を開店した。当時では名らしい片仮名の店名である。

●商業を通じて地域社会に奉仕しよう

昭和四四年（一九六九）二月二一日、本部機能・ジャスコ株式会社が設立された。規模の拡大による新しい流通システムの創造を掲げたジャスコは、「商業を通じて地域社会に奉仕しよう」を社是として、小売業の組織化、近代化を目指して長い道程を歩み始めた。

三重県四日市を本拠地とする岡田屋、兵庫県姫路のフタギ、大阪府庄内のシロ三社が合併した。フタギ創業者の二木一一は戦後、古着屋開業とアイデア商品で、シロ創業者の井上次郎は、婦人服仕立て、婦人服地、繊維雑貨の販売でそれぞれ基礎を築いた。

新社名は、公募のなかから「日本ユナイテッド・ストアーズ株式会社」（Japan United Stores Company：通称・ＪＵＳＣＯ）が選ばれた。

誕生してから二〇周年を迎えたジャスコは平成元年（一九八九）、グループ名を「イオングループ」に変更し、本部は、東京湾に面した千葉県・幕張に設けている。

第6章　社会的責任投資株のパフォーマンスを買え

——社会的貢献活動は二一世紀の重要なキー

●企業の「社会的責任投資」を「銘柄選定」の重要基準とする

株式投資家が、投資行動に踏み出す際、「企業のＣＳＲの実績」そのものに照準を当てて、これを評価して投資判断を下して投資するスタイルが、日本の株式市場においてもこのところ、盛んに見られるようになってきている。「社会的責任投資」(Socially Responsible Investment：ＳＲＩ）という要素が、「銘柄選定」する際の重要な基準でもある。

ＳＲＩにおいては、「経済性、環境適合性、社会適合性」という三つの基準に照らして企業のパフォーマンス」を評価し、「銘柄選定」する。これが日本においても重視されてきている。きっかけは、近年、企業をめぐる不祥事や事件が相次いで起きており、「企業の社会的責任」が厳しく問われるようになったのが大きい。

この投資スタイルの発祥は、欧米である。従来から倫理的投資（Ethical Investment）という考え方が伝統的にあり、これが源になっている。たとえば、タバコやアルコールなどの特定の業種を排除する「ネガティブ・スクリーニング」が行われていた。一九〇〇年代中ごろから企業の社会的評価などＳＲＩに関する基盤が整備され、一九九〇年代に入って、ＳＲＩを基調とする投資スタイルが急速に拡大してきたという。統計はやや古いけれど、米国においてＳＲＩの資産残高の総額が二〇〇一年度で約三〇〇兆円に、欧州におけるＳＲＩ資産残高（ＳＲＩ型投資信託に限る）は約一兆六〇〇〇億円に達するというように、近年急増しているという。

こうした動きのなかで、英国のサステナビリティ社ジョン・エルキントンが一九九七年に、「トリプル・ボトム・ライン」（三つの最低基準）というコンセプトを提起し、これがきっかけで、新たなパラダイムが生まれている。

●ＣＳＲは二一世紀企業経営にとって重要なキーの一つだ

「社会的責任投資」には、狭義、広義の二つの意味があり、「狭義ＳＲＩ」は「持続可能な企業に対する投資行動」を意味している。「広義のＳＲＩ」については、米国のＳＲＩ推進団体「Social Investment Forum」が「二〇〇一 Trend Report」のなかで、以下のように「三分類」している。

①スクリーニング（企業の経済性、環境適合性、社会適合性の三つの側面から企業を評価し銘柄選定をする投資行動）

②株主行動（社会的責任の観点から企業行動を改善させるための行動。具体的には、企業の環境問題について経営陣と対話したり、株主総会での議決権を行使したりする）

③コミュニティ投資（通常の金融機関では融資しにくい、マイノリティや低所得者層地域の発展のために、投融資を行うこと）

従って、株式投資家が、銘柄を選定するには、個々の企業が実際にどのような「企業の社会的責任」（Corporate Social Responsibility：ＣＳＲ）を果たしているかという実績を問うことになる。つまり、いまやＳＲＣは、ＣＳＲの重要な要素になっているのである。

「社会的責任」の定義や範囲は、もちろん時代とともに移り変わる。欧米の産業界では最近、「企業の競争力強化」を図るためのツールとして、CSRを積極的な活用しようという動きが広がってきている。すなわち、企業に新たな強みを与える鍵としてCSRをフルに利用しようという発想である。とりわけ、大企業を中心にCSRへの自主的な取り組みには、目ざましいものがあるという。とくに英国やフランスでは、国の産業政策としてCSRを推進しようとしているという。

つまり、CSRにとって、その評価対象となる「企業のSRI実績」は、どうしても不可欠な基礎的材料なのである。

こうした国際的な動きに対して、日本でも、グローバル企業を中心にCSRに対する新たなアプローチを始めており、CSRは二一世紀の企業経営にとって重要なキーの一つとなってきている。

投資スタイルにおいても、環境への取組状況から企業を選定する「エコ・ファンド」をはじめとして、より広範な観点から企業を評価する動きが活発化してきており、逆に、日本企業の多くが、大きなインパクトを受けている。

●日本経団連が日本企業のCSRの取り組みを奨励し促進してきた

日本企業のなかにはこれまで、製品やサービスの提供、雇用の創出、税金の納付、メセナ活動、ユニバーサルデザイン（ＵＤ）への取り組みなどの方法で社会に様々な貢献を通して社会的責任を果たしてきた企業は少なくない。たとえば、メセナ活動では、ソニー〈６７５８〉や資生堂〈４９１１〉、西武百貨店が文化・芸術活動の支援に最も熱心で、「スリー・エス（３Ｓ）」と呼ばれ、一世を風靡した。

こうした日本企業のＣＳＲの取り組みを積極的に奨励、促進してきたのは、日本経団連である。従って、実態を最もよく把握している。日本経団連は一九九一年から「会員企業と一％クラブ法人会員」を対象に「社会貢献活動実績調査」を行ってきた。趣旨は「企業による社会貢献活動の実態を明らかにし、社会の理解を深めるとともに、今後の各社の活動に資する」というものである。

この調査を担当してきた社会貢献推進委員会（池田守男委員長）が二〇〇五年六月、「一四回目」となる調査結果を発表している。調査は二〇〇四年八月から一〇月までの間に一三七一社）を対象に行われ、三八八社（回答率：二八・三％）が回答した。

質問事項は「二〇〇三年度の社会貢献活動支出額、その経常利益に対する比率、社会貢献活動を促進するための社内体制・制度の導入状況、各社の社会貢献の事例に関する調査」という内容である。

ちなみに、二〇〇三年八月に実施した「二〇〇二年度実績調査の回答数は三四〇社（調査対象一三〇二社）、回答率は二六・一％」であった。

調査結果によると、社会貢献活動支出額の総額が増加し、とくに「一％クラブ法人会員一社平均が大きく増加に転じている。その一方で、回答企業一社当りの平均支出額は、三億三〇〇〇万円と前年度に比べて一二・二％減少し、経常利益比は一・五四％に止まっている。この点について、池田委員長は、こう解説している。

「平均支出額が減少した要因の一つに、回答社数の増加が上げられる（前年比一六・八％増）。なかでも今回初めて回答いただいた企業五八社と、前年度（一九社）の三倍以上となっていることは注目される。これら企業の支出額は少ないものの、社会貢献活動の裾野が広がりつつあることを示唆しているといえ、新たに社会貢献活動に取り組み、その情報を開示しようとする企業が増えたことは歓迎すべきである」

日本経団連は、二〇〇三年度がＣＳＲに対する関心が盛り上がりを見せた年と受け止めている。こうした動きを反映して、「社会的貢献活動のあり方」を再検討する企業が出てきたと指摘している。企業のなかには、「わが社の社会貢献活動は、持続可能な社会づくりに貢献しているか」「この寄付はステークホルダーに理解を得られるか」といった視点から、これまでの社会貢献活動の見直しを行うようになってきているという。

池田委員長は、今後の課題について、

「各社は、これまでとは異なるテーマでの社会貢献プログラム開発や、グローバルな視点で活動を展開しようと知恵を絞っている。ＮＰＯや国際機関、さらには企業同士が連携した活動なども予想され、何かが動き出しつつあるという予兆が感じられる。二〇〇三年度が社会貢献活動の新たな展開のスタートの年となったといわれるように、今後ともこうした動きを推進していく必要があろう」

と抱負を力説している。

●「社会的貢献活動」に熱心な「三〇七社」が銘柄選定の参考になる

この調査結果から、「社会的貢献活動」（ＣＳＲ）に熱心に取り組み、社会的評価を高めてきている企業は、一体、どういう企業かがわかる。これが、株式投資家の投資行動にとって、大いに参考になるのは、言うまでもない。

調査対象が日本経団連の「会員企業と一％クラブ法人会員」であるので、このなかには「非上場企業」も含まれている。これを選り分けなくてはならないのだが、とりあえず、回答したすべての企業（三〇七社）を列挙しておこう。以下の通りである。（なお、法人形態を示していない企業は、すべて株式会社である）

【ア行】アイエヌジー生命保険、あいおい損害保険、アイシン精機、愛知製鋼、青森銀行、アコム、旭化成、旭硝子、旭電化工業、アサヒビール、アジア航測、味の素、アジレント・テクノロジー、アドバンテスト、穴吹工務店、アルプス電気、阿波銀行（非上場企業）、安藤建設、アンリツ、飯野海運、イオン、石川島播磨重工業、伊勢丹、伊藤忠エネクス、伊藤忠商事、伊藤ハム（株）、イトーヨーカ堂、イハラケミカル工業、ウシオ電機、宇部興産・エイベックス、エーザイ、エスエス製薬、SMK、NECソフト、NECフィールディング、NTN、エヌ・ティ・ティ・ドコモ、エヌ・ティ・ティ・データ、荏原製作所、王子製紙、大分銀行、大垣共立銀行、大阪ガス、大林組、岡三証券、岡部、岡山トヨペット、沖電気工業、オムロン、オリエントコーポレーション。

【カ行】花王、鹿児島銀行、カシオ計算機、鹿島建設、兼松、カルソニックカンセイ、関西電力、関電工。

キッコーマン、キッセイ薬品工業、紀伊國屋書店（非上場企業）、キヤノン、キヤノン販売、キユーピー、共栄火災海上保険、京セラ、共同印刷、協和発酵工業、共和レザー、キリンビール、空港グランドサービス、グンゼ、群馬銀行、KDDI、ケー・エフ・シー、ケーヒン、コクヨ、小島プレス工業、コスモ石油、コナミ、コニカミノルタホールディングス。

【サ行】佐賀銀行、坂口電熱、佐川急便、山陰合同銀行、三機工業、三共、サントリー（非上場企業）、三洋電機、JSR、ジェイシティー、ジェコス、ジェトロニクス、滋賀銀行、四国銀行、シスメックス、資生堂、シチズン時計、清水建設、シャープ、ジャパンエナジー、十六銀行、常陽銀行、昭和シェル石油、ショーワ、新光証券、新生銀行、新日鉱ホールディングス、新日本製鐵、新日本石油・新日本石油精製、住友化学、住友ゴム工業、住友商事、住友信託銀行、住友生命保険（相）、住友ベークライト、セイコーエプソン、西友、セーレン、積水化学工業、セブン—イレブン・ジャパン、全日本空輸、綜合警備保障、双日、ソニー、損害保険ジャパン。

【タ行】第一生命保険（相）、ダイエー、ダイキン工業、ダイコク電機、第三銀行、大成建設、大同生命保険、大同特殊鋼、大日本印刷、大日本塗料、ダイハツ工業、太平洋工業、大豊建設、大陽日酸、大和証券グループ本社、大和ハウス工業、高岳製作所、高砂熱学工業、武田薬品工業、武富士、タチエス、田辺製薬、ＷＤＩ、タムラ製作所、千葉銀行、中外製薬、中国電力、中電工、ＴＩＳ、ディー・エイチ・エル・ジャパン、帝人、鉄建建設、テルモ、電気化学工業、電源開発、デンソー、電通、電通国際情報サービス、テンプスタッフ、東映アニメーション、東海ゴム工業、東海理化、東京海上日動火災保険、東京急行電鉄、東京コカ・コーラボトリング、東京商工リサーチ、東京電力、東京トヨペット、東京三菱銀行、東芝、東陶機器、東邦シートフレーム、東北電力、東洋インキ製造、東レ、東和銀行、トーア再保険（株）、十勝毎日新聞社、トピー工業、豊田工機、トヨタ自動車、豊田自動織機、トヨタ車体、豊田通商、トヨタ紡織、トヨタ輸送。

【ナ行】長瀬産業、なとり、南海電気鉄道、ニコン、日鉱金属、日鉱金属加工、日興コーディアルグループ、日産自動車、日清製粉グループ本社、日清紡績、ＮＩＰＰＯコーポレーション、日本アイ・ビー・エム、日本アムウェイ、日本板硝子、日本ガイシ、日本興亜損害保険、日本航空電子工業、日本ジーエムエーシー・コマーシャル・モーゲージ、日本信販、日本製紙グループ本社、日本生命保険（相）、日本大昭和板紙、日本たばこ産業、日本テレコム、日本テレビ放送網、日本電気、日本電信電話、日本土地建物、日本農産工業、日本ビクター、日本ピストンリング、ノバルティスファーマ。

【ハ行】パイオニア、八十二銀行、バンダイ、ぴあ、ＢＡＳＦジャパン、ビーコンシステム、東日本銀行、東日本旅客鉄道、ビクターエンタテインメント、肥後銀行、日立金属、日立製作所、日立ソフトウェアエンジニアリング、日立ハイテクノロジーズ、日野自動車、広島銀行、富士急行、富士重工業、富士ゼロックス、藤田観光、富士通、富士電機ホールディングス、富士屋ホテル、武州ガス、フタバ産業、ベネッセコーポレーション、北海道銀行、北國銀行、ボッシュオートモーティブシステム、本田技研工業。

【マ―ワ行】前田建設工業、松下電器産業、丸紅、三重交通、みずほフィナンシャルグループ、三井住友海上火災保険、三井住友銀行、三井造船、三井物産、三井不動産、三井リース事業、三越、三菱化学、三菱重工業、三菱商事、三菱信託銀行、三菱地所、三菱電機、三菱レイヨン、光村印刷、ミヨシ油脂、明治安田生命保険（相）、メルシャン、持田製薬、森田薬品工業、森トラスト、モルガン・スタンレー証券会社、矢崎総業、安田不動産、山形銀行、山口銀行、山武、山田養蜂場、ヤマト運輸、ヤマハ、ヤマハ発動機、ヤンマー、ＵＦＪ銀行、雪印乳業、横河ブリッジ、ライオン、リクルート、リケン、リコー・リコーリース、菱食、リンナイ、レンゴー、ローソン、若築建設、ワコール、ワタミフードサービス。

●「三〇七社」のなかにも、「要注意企業」が含まれている

だが、日本経団連の「会員企業と一％クラブ法人会員」であり、このリストに掲載されている企業であるからといって、直ちに「社会的責任投資株」と判定できるかと言えば、それほど単純ではない。というのは、このリストのなかに、経営難に陥って再建中であるダイエー〈8263〉や無人ヘリコプターを経済産業省に無許可で中国企業に発売しようとして摘発されたヤマハ発動機〈7272〉、西新宿支店の課長が顧客リストを大量に外部流出させて事件となってみずほ銀行〈8411〉などが含まれているからである。これらの企業は、「要注意」である。

だから、「企業の社会的責任」（CSR）を果たしているとの理由に惑わされて、「認識のズレ」にとらわれるというミスをおかしてしまいかねない。実態を正確に認識してから、投資行動に踏み切るべきである。

●キッコーマンやキリンビールの社会貢献活動が目覚ましい

そこで、リストのなかから、「社会的責任投資株」の名に相応しい銘柄を、ピック・アップしてみるとしよう。これらの情報が、各銘柄をどう評価するの参考材料になる。

【銘柄選定のポイント】

＊キッコーマン〈2801〉

①社会貢献のミッションや目標＝地球社会にとって存在意義のある企業に。
②社会貢献活動の指針やガイドライン＝経営方針の一つ「地球社会にとって存在意義のある企業に」をうけ、日本の食文化を大切にしつつ、世界の食文化や環境と調和をはかりながら、豊かな社会の実現に向け、「食」と「健康」の分野から、社会活動を展開していく。
③重点分野＝教育・社会教育、環境、地域社会の活動、国際交流・協力、その他：食。
④推進体制＝担当部署名広報・ＩＲ部社会活動推進室スタッフ数一・五名
Ａ．事業所毎の社会貢献担当者
Ｂ．社内横断的推進組織〔全国ボランティア推進委員会〕
Ｃ．企業財団・公益信託〔(財)野田産業科学研究所、(財)興風会〕
Ｄ．その他〔キッコーマンピュアクラブ：一般の方対象のイベント運営部門〕
⑤社員のボランティア活動支援策＝休職、マッチングギフト、情報提供、機会提供、施設開放、その他〔コミュニティ活動支援制度：社員・事業所が地域で活動する際の支援制度〕
⑥社会貢献活動に関する情報開示
Ａ．アニュアル・レポートに記載
Ｂ．サステナビリティ報告書等に記載〔環境経営報告書〕
Ｄ．ホームページに社会貢献活動に関する情報を掲載
⑦主な社会貢献活動メニュー

〔親子の「食」体験〕＝活動の概要：親子対象の体験学習プログラム。工場地域を中心に開催。工場見学＋地域の名物料理体験の組立で実施。野田（しょうゆ工場）、勝沼・小諸（ワイナリー）にて実施〕
〔ＮＧＯ協働プログラム「食！（ショック）な世界発見」〕＝活動形態：寄付・連携先シャプラニール、ハンガリー・フリー・リールド、ＣＣＷＡ国際精神里親運動部〕活動の概要：国際協力ＮＧＯとの協働によるチャリティ料理講習会＋途上国・ＮＧＯ活動についてのミニ講習会。参加費は全額ＮＧＯに寄付。ネパール編、ウガンダ編、エチオピア編を実施。
〔〝知産知食〟――日本の野菜をおいしく食べて日本の食文化を考えよう〕＝活動の概要：各地で栄養改善活動を推進している栄養改善普及会の会員を対象に、その地域でとれる野菜を使った料理講習会を開催し、「地産地消」の推進をはかる。
活動名全国事業所での手話入門講習会（希望制：全国三か所）

＊キリンビール〈２５０３〉
①社会貢献のミッションや目標＝継続的に社会に貢献するとともに、地球環境に配慮する企業グループを目指す。
②社会貢献活動の指針やガイドライン＝「スポーツ」「芸術文化」「国際交流」等への支援を通じ、文化の向上に貢献する▽社会奉仕活動や施設開放等により、地域との調和を図る▽

社会福祉、青少年の健全育成を支援する▽事業活動のあらゆる場面において、地球環境保全に配慮した取り組みを行うとともに、自然保護、環境美化等の環境保全活動に積極的に参加、協力する。

③重点分野＝社会福祉、スポーツ、学術・研究、環境、地域社会の活動。

④推進体制＝担当部署名社会環境部スタッフ数専任担当者一名、社会環境部総数一〇名、社内横断的推進組織〔社会環境部〕。

⑤社員のボランティア活動支援策＝休職、地域貢献運動、情報提供、機会提供、施設開放、その他〔キリン・コラボ倶楽部〕（社員の自発的活動の支援制度）。

⑤社会貢献活動に関する情報開示＝サステナビリティ報告書等に記載〔キリン環境報告書二〇〇四年版〕、ホームページに社会貢献活動に関する情報を掲載。

⑥主な社会貢献活動メニュー

〔活動名国連大学キリンフェローシップ〕＝寄付・連携先・国連大学、独立行政法人食品総合研究所。活動の概要：一九九三年より発展途上国における食糧問題の自主的解決に向けた、研究開発の支援プログラムで、国連大学推薦の研究者を対象に支援。

〔高齢者の家族介護者リフレッシュサポート〕＝寄付・連携先：各個人。活動の概要：寝たきりなど重い症状の高齢者を在宅で日常的に介護されている方々の心身のリフレッシュを目的に旅行会、観劇会を実施。招待者の累計約二三人。

〔空き缶回収美化活動〕＝活動の概要：美化運動を実施。

〔「水源の森」活動〕＝寄付・連携先：社団法人国土緑化推進機構、活動の概要：一九九九年より全国の工場の周辺地域を選び、植林活動を実施。二〇〇三年度は鬼怒川上流において実施。二〇〇三年度までに、五ヶ所で実施。

〔ぴゅあマインドプログラム〕＝活動の概要：視覚障害者のできること、できないことを認識し、障害および障害者への理解を深めることを目的とした活動。

〔チャリティーブックフェア＆ハローミッキー〕＝活動の概要：従業員が持ちよった本やCDを社内でチャリティ販売し、その売上金で児童養護施設の子どもたちを対象に、東京ディズニーランドへ招待するもの。また児童の引率支援を従業員のボランティアで実施。一九九四年より三五回一七〇六名を招待し、従業員ボランティアは延約四〇〇名となっている。

〔「観劇の会」チャリティーミュージカル〕＝寄付・連携先：三菱グループ企業、活動の概要：三菱社会貢献連絡会の活動の一環として、年一回の頻度で実施。二〇〇三年度は関東近辺の児童養護施設の子どもや障害者の方約五〇〇名を招いて、ミュージカル公演を開催した。

〔屋久島環境保全プロジェクト〕＝寄付・連携先：屋久町、活動の概要：屋久島で推進されているゼロエミッション構想に賛同し、一九九九年より継続的な支援を行っている。年二回従業員有志がクリーンアップ活動に参加している他、屋久島のヤクにちなみ一ケースあたり八九円（大瓶換算）を寄付している。
〔子どもたちの環境学習の支援〕＝活動の概要：環境教育用ビデオを小学生向け、中学生向け、高校生向けと年代ごとに制作し、学校教材として希望校へ無料配布している。教材配布総数役四万二八〇〇本。

●日本経団連発行の「経済Ｔｒｅｎｄ」が「銘柄選定」に大いに役に立つ

日本経団連が発行している「経済Ｔｒｅｎｄ」は、「ＣＳＲわが社の取り組み」というタイトルで毎号、特集を組み、ＣＳＲに積極的な企業の「ＣＳＲ担当者」に登場してもらっている。

株式市場の格言の一つに、「知ったらしまい」というのがある。「情報は、みんなが知ってしまったら、もう情報ではなく、ただの知識にすぎない」という意味である。相場師・田附政治郎の言葉と言われている。

確かに、企業が新聞、雑誌、テレビ、ラジオなどで発表したりすれば、市場関係者や株式投資家に知られてしまう。

だが、いかに情報が一般に流布されていても、「情報の価値」をどう受け止めて、判断するかは別である。同じ情報を手にしても、「馬の耳に念仏」「ネコに小判」、「見れども、見えず、聞けども聞こえず」ということがある。情報洪水のなかでは、すべての情報をキャッチするのは、難しい。それればかりか、「価値判断」となると、受け手によって、千差万別であるのが、実情だ。

つまり、同じ情報についても、「認識のズレ」は生ずるうえに「価値判断」にも「ズレ」が当然、起こり得るのである。それは、省庁や警察などが記者クラブで新聞記者や放送記者に対して発表した情報が、新聞紙面やテレビ、ラジオで報道される場合、すべてが同じような報道されるとは限らないのを知るだけでも、はっきりする。情報の価値判断は、現場記者や整理記者らの価値判断の違いによって、扱いが異なることはしばしばある。

従って、マスメディアで報道される情報ですら、このような現象が起こるのであるから業界団体などが発行する情報誌で、記事になっているからと言って、すべての株式投資家が、知るわけではない。この意味で、報道されたり、公表されたりする情報が、「センスのいい投資家」によって、「とっておきの情報」になることは、十二分にあり得る。

日本経団連が発行している「経済Ｔｒｅｎｄ」も、このように受け止めて読むと、「銘柄選定」に大いに役立つのである。

●資生堂はＣＳＲの重点領域として「三領域」を設定している

資生堂〈４９１１〉ＣＳＲ部の桑山三恵子部長は、「資生堂のＣＳＲの原点は創業の精神」と題して、「二〇〇五年七月号」で、同社のＣＳＲ活動の一部を紹介している。

同社は二〇〇四年四月に、社長直属の「ＣＳＲ部」を新設し、ＣＳＲ委員会が、資生堂ならではの重点領域として、次のような「三領域」を設定している。

①化粧・美容の領域（ユニバーサルデザインの採用や環境配慮商品の開発、濃いしみやあざ特有の色を補正する化粧品の開発など、CSR視点の「モノづくり」を推進）
②お客さまの九割、従業員の七割を占める女性を支援する領域（事業所内保育施設「カンガルーム汐留」の設置を実施）
③美・アートの領域（メセナ〈芸術文化支援〉活動、文化情報を発信）
桑山部長は、「CSR活動は、経営品質を高め、企業の競争力を強化するものである。全社員がこのような共通認識のもとに誇りをもって働く企業にすることが私たちCSR担当者の責務であると考えている」と力説。「社会に必要とされ、魅力のある資生堂づくりを通して、社内外のステークホルダーと共に企業と社会の持続的発展をめざしたい」と決意を表明している。

●日産自動車は回転扉の事故検証プロジェクトに参加した

日産自動車〈7201〉グローバル広報・CSR・IR本部の菅慶太郎課長代理は、「二〇〇五年八月号」で、「持続的な利益ある成長へ向けて〜コミュニケーションを軸に社内のCSR力を強化する」と題して、同社の「推進体制」を紹介している。

日産自動車において、CSRという言葉が比較的頻繁に交わされるようになったのは、二〇〇三年夏ごろからで、経営トップのカルロス・ゴーン社長から、「サステナビリティレポート」を発行するよう広報部門に命じられた。これを受けて、二〇〇四年版として、「サステナビリティレポート」を初めて発刊したという。

同社は二〇〇五年四月付で、「レポート作成チーム」を発展させるような形で「ＣＳＲチーム」が発足させている。これまでの活動は、以下の通りである。

①ダイバーシティディベロップメントオフィスの設置（二〇〇四年一〇月、社員の多様性を推進する部署として設置。ＣＯＯ〔最高執行責任者〕を議長とする委員会に直結）

②回転扉の事故検証プロジェクトに参加（二〇〇四年に東京・六本木の高層ビルで起こった痛ましい回転扉事故の原因究明に参加、ダミー人形を使用した実証実験等において、車両の衝突安全実験のノウハウ等を提供）

●東京三菱銀行は「八つの項目」を実践している

東京三菱銀行（現在・三菱ＵＦＪフィナンシャル・グループ〈８３０６〉）総合企画室の伊東正行ＣＳＲ部長は、「二〇〇五年九月号」で、「銀行業務を通じたＣＳＲの実戦」について説明している。

まず、「基本的な考え方」について、伊東ＣＳＲ部長は述べる。

「金融は、『経済活動の血流』であり、社会の問題・環境の問題に『金融手段（金融商品・金融サービス・金融ノウハウ等）の活用による解決策』を提示していくことこそ、『銀行業務そのものがＣＳＲの実戦』であるとの考え方に通ずるものである」

そのうえで、「東京三菱のＣＳＲの実践領域」について、「八つの項目」を挙げる。
①コンプライアンス・企業倫理（法令の遵守やリスク管理などの自己管理していく仕組みが当行のＣＳＲを支える土台であると理解している）
②内部統制（「現場のリスクは現場が一番よく知っている」との考え方に基づくコントロール・セルフ・アセスメント（ＣＳＡ）という制度を導入している）
③情報開示・財務報告（財務報告の信頼性を確保するために、二〇〇七年三月期からスタートする、米国企業改革法〔通称ＳＯＸ法〕四〇四条に対応する準備を行っている）
④情報セキュリティ（二〇〇四年一〇月にお客さまのご預金を守るため、本人確認に手のひら静脈認証を採用したスーパーＩＣカードを導入した）
⑤環境経営（中小企業向けのローン商品「融活力エコアクション」の発売に続いて、二〇〇五年八月には「環境融資室」という専門部署を立ち上げた）
⑥社会貢献／社会参加活動（行政やＮＰＯと連携することで、地域の学校での金融教育・環境教育の場面への参加を進めていきたい）
⑦多様性の重視と就労環境の充実（職場内のコミュニケーションの改善をこころがけるとともに、行員の心身のケアにも意を払っている）
⑧お客さま本位のサービス（組織単位・業務単位ではなく、お客さま満足を追求するプロセスそのもののＩＳＯ９００１規格の認証を二〇〇五年八月に取得した）

●積水化学グループは「環境」「CS品質」「人材」の三つの際立ちを追求

積水化学工業〈4204〉環境経営部担当の白鳥和彦部長は、「二〇〇五年一〇月号」で『環境』『CS品質』『人材』で際立ち、事業を通じて社会へ貢献」と題して、同社の「CSRの考え方、主に取り組みに」について紹介している。

積水化学グループは、ユニット工法の住宅から、建築・土木用資材、工業用中間資材などの樹脂加工製品まで、特性の異なる複数の事業を営んでいる。このため「社会との関わりも事業ごとにさまざまである」といい、同グループは二〇〇四年度から、「CSR」を重要課題として掲げ、「社会的価値創造の柱—三つの〝際立ち〟」を追求し、事業を通じて社会に貢献しようとしているという。

「三つの際立ち」というのは、

①環境での際立ち＝エコロジーとエコノミーを両立させ、環境を基軸に継続的に成長する「環境創造型企業」を目指す。

②CS品質での際立ち＝製造の原点である「モノの品質」にこだわり、際立つ品質をベースにお客様の満足を追求することを徹底する。

③人材での際立ち＝「環境」「CS品質」で際立つためには、事業を支える「人材」が際立っていなければならない。「自ら手をあげ挑戦する風土づくり」と「成果主義」を徹底していく。

今後について白鳥部長は「課題を明確に認識しながら、一つ一つの取り組みの中でレベルを上げていきたい」と抱負を述べている。

●ユニ・チャームは使用済み紙おむつのリサイクルも技術的にクリア

紙おむつ、生理用品で首位ユニ・チャーム〈8113〉の石川英二CSR部長は、「二〇〇五年一一月号」で、「製造販売業トシテ本業に特化したCSRの推進」と題して、取り組みを説明している。

ユニ・チャームは平成一五（二〇〇三）年四月一日にCSR部を設立し、既存の品質保証、環境推進、商品安全などの専門組織を統合してスタートしたという。

石川部長は、「本業に特化したCSR」との項目で、「使用者に優しいユニバーサルデザインも推進している」「高齢化社会の到来に向けた使用済み紙おむつのリサイクルも技術的にクリアできた」「具体的で高い積極的な情報開示とCSR報告書発行」「ステークホルダーの要求窓口となるや客様相談室とCSR部の緊密な連携による製品の改善がなされ、お客様の声を最大限反映している」などと強調している。そのうえで、今後は全グループ企業に「倫理教育」とともに「CSR」を拡大していくとの方針を示している。

●アサヒビールはステークホルダーと積極的な交流を図っている

アサヒビールグループＣＳＲ委員会の竹田義信事務局長は、「二〇〇六年一月号」で、「ＣＳＲは『ＣＳ＋Ｒ』」と題して、まず、こうアピールしている。

「アサヒビールでは、ＣＳＲを『ＣＳ＋Ｒ』と読み替え、お客様満足（ＣＳ：カスタマーサティスファクション）のために、ステークホルダーの皆様と積極的な交流（Ｒ：リレーション）を図り、その交流を通して、企業価値向上に取り組んでいくことにしている」

具体的には、「ＩＲ活動」（株主総会のやり方を見直し）、「お客様の声を商品に反映」（お客様相談室に寄せられる声を商品に反映）、「地球をより健全な状態で子孫に残す」（二〇〇八年度に、アサヒビール単体で九〇年比一〇％の削減、グループ全体でもプラスマイナス〇％に削減する）、「お酒の不適切飲用の予防」（二〇〇五年三月「未成年者飲酒予防基金」を創設、第一回として九団体に助成）、「芸術・文化活動の支援」（全国のアートＮＰＯや市民グループと協働で「アサヒ・アート・フェスティバル」を展開）などである。

●コニカミノルタグループは「行動憲章の浸透と定着」を目指す

コニカミノルタホールディングス〈４９０２〉法務部の和田吉丸ＣＳＲ担当部長は、「二〇〇六年二月号」で、「これからが本番、コニカミノルタグループのＣＳＲ」と題して、取り組みを披瀝している。

コニカミノルタグループは、二〇〇三年八月に経営統合して発足し、二〇〇五年を「コニカミノルタCSR元年」と位置づけ、本格的な取り組みを開始したという。

具体的には、二〇〇五年夏、「CSR報告書」(日本語・英語)とそのダイジェスト版(日・英・独・仏・中の五か国)を発行している、これは、広範なステークホルダーに対して「新生コニカミノルタグループの全体像を理解してもらうのを目的としている。さらに「行動憲章の浸透と定着」を目指しており、まさにこれからが「本番」という。

第7章　名誉挽回株に期待せよ

●「悪抜け」した企業の株式を「名誉挽回株」と呼ぼう

「商いは戦い、戦いは作戦。作戦の基本は、企業のイメージアップ、ライバル企業のイメージダウン」

イメージ作戦にも、ポジティブ・キャンペーンがあれば、ネガティブ・キャンペーンもある。消費者からどれだけの支持を勝ち得るかである。選挙戦の候補者と似たような言い方になるのは、企業が生み出す商品を候補者に、消費者を有権者にと言葉を入れ換えれば同じことだからである。

マスコミ媒体のなかでも、テレビに映される映像の持つ力は、とくに絶大である。経営トップの一言一句、身振り手振りの所作、着ている衣服や装飾などの映像が、即そのまま企業イメージとして視聴者の耳目にとらえられる。この映像が、いきなり家庭のお茶の間のテレビにまで飛び込んでいく点を軽視してはならないのである。耳目を通して印象を与え、意識のなかに入り込んで、固定したイメージとして定着していくからである。

経営トップは、テレビカメラのレンズを向けられたときは、社名という看板を背負いその代表者して映し出されているのではなく、映像に映し出される一瞬において、その発言や振る舞いが企業イメージをアップしたり、逆にダウンさせたりする素材になっていることを忘れるべきではない。

中国・儒教の創始者である孔子が、弟子の質問に応えた言葉の一つに、

「民信なくば立たず」

というのがある。「世の中は、信ということが失われたら成り立たなくなる」という意味である。企業と消費者（顧客）との関係も同じである。「信用・信頼関係」が失われれば、「商い」そのものが成立しなくなるのである。

それだけに、一度、自ら失態をおかすと、国民の信頼を一気に失墜してしまう。その最たるものは、不祥事や事件で司直の捜査対象となり、社内から「犯罪者」を出す最悪の事態に陥ることである。経営不信に陥り、経営陣が逮捕・起訴された企業のなかには、株式市場から退場を迫られて、「二度と立ち上がれない」まま、姿を消した企業もある。一般消費者や顧客は、瞬く間に引いていく。そうなると、その企業の株価は急落し、業績は、アッという間にダウンし、ますます株価が下がっていく。また、経営難に陥って信用や信頼を失った企業の代表例が、三光汽船や山一証券（大蔵省から廃業を強要された）などである。

こうなると、不祥事や事件を起こした企業の「株価」自体が、「消費者（顧客）の信用・信頼」を測るバロメーターのように見えてくる。

最近の実例の一つが、ライブドア事件である。ライブドアの堀江貴文以下の幹部が、証券取引法違反（偽計取引、風説流布）容疑で、東京地検特捜部に逮捕された後、株価はどんどん急落して行った。おまけにグループ会社が続々とライブドアと縁を切る動きをし、「身内の離反」が起きている。このような状況を見ていると、「人間の心は一夜にして変わる」という言葉の意味が実感を持って理解できるのである。

しかし、一度失われて「信用・信頼関係」が、二度と復活できない場合が多い一方で、「名誉挽回」のため血の滲むような努力を積み重ねて、やがて復活を成し遂げる企業も少なくない。世の中は不思議なもので、「捨てる神もあれば、拾う神もいる」のである。

不祥事や事件で司直の捜査対象となり、犯罪者を出し、企業イメージを失墜していながら、社内での粛正を懸命に行い、再建・再生に立ち向かい、消費者の信用・信頼を取り戻している企業もある。これらの企業の株式を「名誉挽回株」と呼ぼう。

大事件に衝撃を受け、経営陣が総退陣した後、株価が急落したものの新体制を築いて事業活動に専念しているうちに、消費者の信頼を回復している企業は、少なくない。当然株価も復活する。これを「悪抜け」している銘柄と言い換えてもよい。

経済社会は、「波あり、谷あり」である。経営陣が一新されれば、まったく別会社であるかのように、再生するから不思議である。株式投資では、その「悪抜け」が、「買い材料」となる。

このとき、株式投資家のなかで、二手にわかれる。一つのグループは、不祥事や事件を起こした企業のマイナス・イメージを抱き続けている投資家であり、もう一つのグループは、「悪抜けした企業」という認識を持っている投資家である。「もうそろそろ悪抜けしてもいいころだ」とか「もうすでに悪抜けしている」とかいうように「悪抜け」の状況をよく見定めている投資家は、株価が急落して、まだ回復していない段階から、早々と仕込み始めるものなのである。

これも、「認識のズレ」による違いの表れと言ってもよい。世の中は、一瞬たりとも、一つの状態のまま、止まっていることはなく、「生々流転」を繰り返しており、「無常」、すなわち、同じ状態というものはないのである。

不祥事や事件を引き起こした企業について、「不祥事と事件の概要」やその後の動向を振り返ってみると「名誉回復株」を大発見するチャンスに恵まれるはずである。株価の推移を追っていけば、「銘柄選定」の材料をつかめるに違いない。それは、とりもなおさず「銘柄選定のポイント」となり得るのである。

●中国の産業スパイに狙われている日本企業で事件が起こる

日本の企業は、中国の「産業スパイ」に狙われているという。中国人スパイが一番多く潜入している国は、アメリカという。これに次いで多いのが、日本であるという。

企業が国家防衛を揺るがすような「不法行為」をしていることが判明した場合、その企業の信用はガタ落ちになるばかりでなく、株価にも影響してくる。要するに「下落」するのである。だから、かかる不祥事は、株式投資家にとっては、「下落」を見届けつつ、「買い」のチャンスをつかむことができる。

ある研究機関のA専務の話によると、「中国のスパイ活動は、凄まじい。最大の被害者はアメリカで、次いで日本が相当、ダメージを被っている」という。「電信担当の外交官」が自殺に追い込まれた事件は、氷山の一角にすぎないらしい。

北京政府は、日本に新幹線を造らせたくて仕方がないのだが、日本にもしっかりした武士がいる。ＪＲ東海〈東海旅客鉄道・９０２２〉の最高幹部が、中国北京政府の意図を見抜き、中国からの受注を嫌っているという。北京政府が日本の新幹線の設計図を欲しがっているというのは、周知の事実である。

だが、Ａ専務によれば、「いざというときに、日本国内を走っている新幹線を簡単に破壊してしまうのが最大の狙いだ」というから恐ろしい。

中国のまさに「国家戦略」であり、「対日攻略」の一つと見られる。Ａ専務によれば、中国人スパイに対して、最もガードを固くしている企業は、シャープ〈６７５３〉であり、とくに「液晶テレビ」を製造している三重県亀山工場の「ブラックボックスは、最も厳重で、中国人もマスコミも一切近づけない」という。日本政府の各機関はもとより、日本の各企業は「シャープのブラックボックスを見習うべきであり、とくに中国人スパイに気を許してはならない」という。日本企業は、中国の産業スパイに狙われて大事件の舞台にならないよう気をつけなくてはならない。

●ヤマハ発動機経営者の「国防意識の欠如」が厳しく問われた

だが、このような大事なことを忘れて、「利」に走る日本企業は、少なくない。「ヤマハ発動機」〈７２７２〉が、最近の代表例である。福岡、静岡両県警の合同捜査本部と名古屋税関が平成一八（二〇〇六）年一月二三日、軍事転用可能な無人ヘリコプターを中国に不正輸出しようとしていたとして外国為替法違反（無許可輸出未遂）容疑などの疑いで、ヤマハ発動機の静岡県の本社など二〇か所を家宅捜索したのである。無人ヘリコプターは、危険物の散布や偵察用など軍事目的に転用可能であり、輸出する際には、経済産業省の許可が必要と定められているにもかかわらず、中国北京市内の航空撮影を事業にしている民間企業「北京必威易創基科技有限公司（ＢＶＥ社）」へ輸出しようとしていたという。こういう不祥事や事件を起こした企業の株価は、必ず下落するものである。株式投資家にとっては狙い目である。

ヤマハ発動機（静岡県磐田市）の梶川隆社長は平成一八（二〇〇六）年二月七日、東京都内での決算発表の席上、同社の産業用無人ヘリコプターを巡る外為法違反（無許可輸出）事件に触れ、「世間をお騒がせし、関係者に多大な心配と迷惑をかけていることを深くおわびします」と陳謝している。同社は静岡、福岡両県警による捜索後、危機管理委員会を設けて事実関係を調査しているという。

静岡、福岡両県警の合同捜査本部の調べによると、ヤマハ発動機が、中国の企業に軍事転用可能な無人ヘリコプターを不正輸出していた事件では、中国向け輸出実績は平成一三（二〇〇一）年七月から平成一七年末までに計一一機あり、このうちの一機（自律型）が平成一五（二〇〇三）年一一月、中国人民解放軍と関係が深い企業に輸出されていたという。日本の国防に関わる重大事件であるだけに、由々しき事態である。このため、ヤマハ発動機の「国防意識の欠如」が厳しく問われ、株価も大きな影響を受けている。

だが、同社経営陣が深く陳謝し、改善が確認されていけば、やがて「信用と信頼」を回復し、「名誉挽回」とともに、株価も回復してくることが予想される。

●大火災を起こしたブリヂストンも努力次第で信用・信頼回復へ

ブリヂストン〈5108〉（渡辺恵夫社長）の栃木工場で、平成一五（二〇〇三）年九月八日、火災が発生した。同社によると「火災は午後零時ごろ、ゴム練り工程で発生した」という。この工場は従業員数八五六人で、トラック・バス用タイヤ、乗用車用タイヤ、化工品軟質ウレタンフォームなどを製造している。この火災で、地域住民五〇三二人が一時避難し、消防職員及び消防団員延べ二五三四人（うち、消防団は一五九三人）が出動して消火活動に当たった。しかし、なかなか鎮火せず、消防団は八日から一〇日までの三日間にわたってほとんど睡眠もとらずに、水利確保作業等の消火活動に活躍したという。

大火災が発生した背景には、安全管理のプロがリストラにより減少し、火災予防に手抜かりが生じるなど「経営上」の問題が潜んでいるという見方もされた。

この大火災により、ブリヂストンは、地域住民のみならず、国民の多くから「安全管理に手落ちがあった」と厳しい非難の声を浴び、信用と信頼を失墜した。

だが、安全管理体制の再構築がなされ、再び大火災などの事故が起きなければ、次第に信用と信頼を回復し、株式投資家もこうした努力を評価して、買い姿勢を強めていくに違いない。「災い転じて福となす」である。

●野村証券も見事に「名誉挽回」を果たした

証券界のガリバーと呼ばれた野村証券〈野村ホールディングス・8604〉は、総会屋への利益提供事件をきっかけに窮地に陥り、経営首脳陣が一新した。

この人事で経営責任を明確にし、信用回復を図る目的で、新社長に氏家純一常務が昇格した、これに伴い、代表権を持つ役員全員をはじめ取締役の約四割計一五人が一挙に退任したのである。氏家社長は戦後生まれで、経営陣が一気に若返った。

しかし、この事件を活かして野村証券は総会屋との黒いつながりをバッサリ切断し、「災い転じて福となす」の言葉通り日本版金融ビッグ・バン（金融制度改革）に向けて、果たしてダイナミックに生まれ変われるかどうか。氏家社長の力量と采配ぶりが世界から注目されてきたが、いままさに見事に「名誉挽回」を果たしている。

●氏家純一社長は「国際畑」の出身であった

野村証券（野村ホールディングス）は国内外に一八五店舗を配置し、従業員一万二〇〇〇人を擁するわが国証券業界のガリバー証券会社として国際総合金融会社を目指してきた。その頂点に立った氏家純一社長は、昭和二〇（一九四五）年一〇月一二日山形県生まれ。昭和四四（一九六九）年六月に東大経済学部を卒業（この年は学園紛争の最中で、卒業式が遅れた）、米国イリノイ大学、シカゴ大学大学院修了後、昭和五九年七月、ノムラ・スイスＬＴＤに入りチューリッヒ店拠点長昭和六〇年三月、ノムラ・スイスＬＴＤ社長、昭和六〇（一九八五）年一一月、野村証券に入社、昭和六二（一九八七）年五月、国際企画室長、平成元年六月、ノムラ・セキュリティーズ・インターナショナルＩｎｃ．社長、平成二（一九九〇）年六月、野村証券取締役、平成四年六月米州本部長嘱託、平成七年六月、常務取締役平成八年六月、審査本部担当、平成九年四月審査本部兼金融研究所担当などを経て、五月一日付で社長に就任した。子供は男三人。趣味は、読書や釣り、スキーのほかクラッシック音楽鑑賞という。

氏家社長は、この略歴が示しているように「国際畑」の出身である。事件の責任を取って辞任した酒巻英雄元社長を引き継いで三月一四日に会長兼務の社長に就任した鈴木政志前社長体制での役員の序列では、一四番目だった。

この事件で、意思決定機関の経営会議のメンバーである専務以上の責任が厳しく問われ、氏家社長が抜擢された。文字通り極めて異例の人事であった。

氏家社長の就任に伴い、代表権を持つ役員九人（副社長五人、専務四人）全員をはじめ取締役の約四割の計一五人が一挙に退任することになった。

氏家社長は、戦後生まれである。鈴木前社長と酒巻元社長の二人がいずれも昭和一〇年生まれだったので、社長の年齢が、一気に一〇歳も若返った。

●総会屋とは一切関係のないクリーンな人であることが高く評価された

氏家社長は、シカゴ大学大学院で経済学博士号を取得、「経済学者・フリードマンの弟子」を自認している。フリードマンは、経済学における「シカゴ学派」の代表的存在である。インフレ要因として貨幣の重要性を強調するフリードマンの主張は世界中に知られ、「インフレーションと失業」などの成果により、昭和五一年、ノーベル経済学賞を受賞している。

このフリードマンの下で学んで博士号を取得した氏家社長は、米国をはじめ国際的に「ドクター・氏家」の名前で知られている。社長就任が異例なら、切った張ったの修羅場で体を張る証券会社のトップに経済学者が就任したのも異例である。

この人の「総会屋とは明らかに一切関係のないクリーンな人であり、金融のビッグ・バンに向けてグローバルな視点で世界を見渡せる人」である点が高く評価され、白羽の矢を当てられた。

野村証券広報部のある理事によれば「事件が響いて国内では顧客離れが激しくなっているなかで、外国の機関投資家などからドクター・氏家が社長になるなら取引を続けていきたい」という声援が送られてきたという。また、理事は「今回の人事について外人記者たちが最も好意的に書いてくれている」と話していた。氏家社長は、シカゴ大学大学院時代の友人をはじめ、スイスやニューヨークなどで築いた幅広い海外人脈を持っていたようである。

氏家社長は、野村証券においては、いわゆる「途中入社組」だった。大学を卒業して直ぐに入社して、新人研修を受けて、伝票の切り方から基礎訓練を受けて、営業現場で叩き上げられて出世したタイプとは違う。

その意味では、氏家社長のような野村証券内の「保守本流」の流れではないいわば「亜流」の人材が、社長に就任するということは、従来の常識では絶対にあり得ないことであった。出世したとしても、常務か専務止まり、それも氏家社長のような「国際派」であれば、「海外担当」の重役が精一杯のところだったはずである。それが今回の事件で、思いがけない人事の展開となった。

野村証券のアメリカ現地法人のニューヨーク・セキュリティーズ・インターナショナル社長、野村証券副社長、初代多数国間投資保証機関長官などを務めた寺澤芳男参議院議員(当時)は「氏家君は私と同じ国際派です。一緒に仕事をしたことがありますが、この時期の社長として最適任者です」と氏家社長の就任を高く評価していた。

●雪印グループは「経営の抜本再建策」により信用・信頼を回復しつつある

雪印グループは、平成一二（二〇〇〇）年六月、乳製品の集団食中毒事件を起こし大打を受けた。平成一四（二〇〇二）年一月には、雪印食品（本社・東京）が牛肉の出荷で不正な偽装をしていたことも判明し、ブランドの信頼が大きく傷ついた。

雪印食品は同年四月末に解散、親会社の雪印乳業〈２２６２〉（本社・東京）は五月二三日、農林中央金庫などから総額五〇〇億円の金融支援を受けるとともに、資本金二七八億円を五億円に減資、社員一三〇〇を削減、全国農協直販などと新会社を設立し、平成一五年一月、市乳（市販の牛乳）事業を切り離すことなどを柱にした「経営の抜本再建策」を発表した。これは同年六月二七日の株主総会で承認されている。

こうした懸命な努力により、消費者の信用と信頼も回復基調にあり、株価にも反映しつつある。

●日本消費者金融協会がイメージアップに懸命になる

武富士〈８５６４〉やプロミス〈８５７４〉、アコム〈８５７２〉などによって構成されている消費者金融業界が、事件にゆれていたころ、日本消費者金融協会（ＪＣＦＡ）の経営研究会が、平成一二（二〇〇〇）年九月二六日、東京・御茶の水の「山の上ホテル」で「社会部記者の習性から見た有事の対応と平時からの対策～社会部記者の心裏と、ミスリード（誤報）されないための対策」という演題で講演会を開催した。

消費者金融業界は当時、新聞・テレビ各社の社会部記者個々を対象に業界に対するヒアリング活動、偏見と誤解を解くための活動に注力している最中で、イメージアップをはかることに懸命になっていた。だが、社会部記者との付き合い方は難しい。何か不祥事が起これば、正義感あふれる記者たちが、一斉に襲いかかってくるからである。そこで社会部記者をどのようにして柔らかくしていくかに苦心していた。

消費者金融業界としての対応の仕方は、大手の個別企業をみると、万全の体制を取っている会社が少なくない。だが、それらと比べて、消費者金融業界はマスコミ対応の規模の面で大きな開きがあり、見劣りしている。

●企業経営者は、各社社会部記者の習性に疎いと酷い目にあう

雪印・そごう問題に対して、マスコミ各社は、当初は、典型的な「事件報道」として取材・報道合戦を展開した。雪印問題は、「業務上過失傷害事件」（死亡者が出れば、業務上過失致死事件）、そごう問題は「経済事件」（経営者の背任事件から株主代表訴訟まで視野に）として取材・報道する。

すなわち、これらの社会・経済事件をきっかけにマスコミ各社は、監督官庁の監督責任から、ひいては、監督官庁に対する政府（内閣）の責任にまで追及の手を伸ばす。そのうえ、マスコミ各社は、野党が一斉に政権を攻め立てる「国会マター」にまで発展することを想定して取材・報道を展開し、時の森喜朗政権まで根底から揺るがせようとした。

かかるマスコミの習性を熟知して対応しなければ、取材対象である企業は、大変な事態に追い込まれる。このことを広く各企業人にも思い知らせた。

社会部記者の習性に「無関心」であったり、「疎い」ことを軽視していたり、あるいは「無視」したりしていると、手痛い目にあわされることを企業経営者は、知っておく必要がある。

これを株式投資の視点でみると、マスコミ各社の社会部記者に狙われるような「脇の甘い経営者」がトップの企業は、むしろ「狙い目」とも言える。まさに逆説的ではあるけれど「株価急落」は、「絶好の買い場」を株式投資家に与えてくれるからである。「株価が高い」銘柄は、急落してもまた「上昇」に向けて反転してくるものなのである。たとえ「額面」を割るような事態になっても、倒産でもしない限り、「名誉挽回」して、「復活」してくる。

●その恐れるべき社会部記者の習性を知るべきである

マスコミの世界には、「ドブに落ちた犬は叩け」という言葉がある。徹底的に追及するのである。とりわけ、不祥事や事件担当の社会部記者は、しつこい。その恐れるべき社会部記者の習性とは、以下のようにまとめられる。

［１］マスコミ人は、事件の取材・報道合戦に生き甲斐を感じ、「特ダネ競争」に情熱を燃やす習性がある。

①マスコミ人は、「発生」から「終息」までのドラマとして「事件」をとらえて活動する。

当局による「終息宣言」までは手を引かない。

②マスコミ人は、否応なく「特ダネ合戦」に血道を上げ、「他社に抜かれること」を最も恐れる。
③特ダネは事件発生の「第一次報道」の「抜いた、抜かれた」で終わるのではなく、その後の「第二次、第三次……」の報道の過程で、次々に掘り起こされていく。その際、取材対象は、「ドブに落ちた犬は叩け」の論理で徹底的に根こそぎ取材され、世間の耳目にさらされて行く運命にある。

［2］社会部記者の習性の背景には、マスコミ特有の以下のような事情がある。
①マスコミ人は、当局や当事者による「発表」を基本的には、疑ってかかり、信用しない。「発表内容」の「裏」に何か隠されたものがあるはずだという観点から「裏取り取材」を行い、「新事実」を「特ダネ」として報道する。
②マスコミ人は、「特ダネ競争」から逃れられない。事件取材で実力が試される。他社ばかりでなく、同じ会社の記者どうしが「特ダネ争い」をしている。お互いにライバルである。ゲリラ的に取材対象に迫り、過熱取材する。
③「抜かれたら抜き返せ」という競争論理の下で、次々に新しい「特ダネ」を発掘していかなくてはならない使命と宿命を課せられている。

［3］社会部記者の習性が招く問題点としては、次のような点が指摘される。

①マスコミ人は、独自の調査報道が原則であるが、事件の急速な進展や締め切り時間に追われて、「記者発表」に頼らざるを得ないために、「発表」を真に受けて、ミスリードする危険がある。
②特ダネ競争に追われて、取材対象の人権を損なう恐れがある。企業に対しても、名誉・信用を傷つけてしまう恐れがある。
③生半可な知識しか持たない素人感覚での取材により、取り返しのつかない誤報を招きやすい。

●何も事件が起きていない平時からのマスコミ対策も大事である

こうした社会部記者の習性に対して、取材のターゲットとされる業界団体や個々の企業経営者は、どのように対応したらよいか。いわば「有事の対応」である。
①最高責任者への「危機情報のスピーディな集中的伝達（下意上達）」＝雪印社長の失敗。
②最高責任者による事態の正確な認識と情勢判断＝三菱自動車社長の失敗。
③最高責任者による正しい情報の素早い記者発表＝参天製薬社長の成功。
何も事件が起きていない平時からのマスコミ対策も大事である。
①悪い情報ほど速くつかむ（業界内部、個別企業内部のマイナス情報のキャッチ）

②内部告発への警戒と内部告発者のマスコミへのアプローチの未然防止＝たとえば、金融・証券疑獄事件における野村証券の内部告発者の動きからみる。
③業界内、個別企業の派閥抗争、労使対立からの内部情報の流出に要注意＝社会部記者の取材ターゲットとなる。

●広報担当者は「会社の窓口役」意識を持たなくてはならない

取材対象となる企業は、マスコミ人の習性をよく知り、間違いのない対応をする必要がある。取材対象は、広報体制を強化し、広報担当者は「会社の窓口役」意識を持ち、外部との対応を良くし、イメージアップに努めなくてはならない。

経営難に陥った「そごう」の広報体制はお粗末で日ごろからマスコミ人の顰蹙《ひんしゅく》を買っていた。トップの水島廣雄社長（当時）はマスコミ人を敵に回していた。日本長期信用銀行（現・新生銀行）の国有化、公的資金投入、外資への売却の不可解さ、そごうと日本長期信用銀行の関係などへの国民の不信感が募っていたのである。

取材対象は、事件現場と密接に連絡を取り、真相把握をスピーディに行い、時々刻々、新しい情報を発表し、取材攻勢に応える。雪印乳業の社長は、事故現場の状況や情報を正確に把握していなかった。

●「ウソ情報」を発信すると信頼されなくなる

記者発表に当たっては、発表責任者を一人に絞り、できる限りの情報を発表する。発表責任者は、基本的には最高責任者（社長）が担当するのが望ましいが、トップと意思の連絡が行き届いた直属の部下でもよい。

発表責任者は、事態の推移を正確に把握することに努める。参天製薬と雪印の社長の対処の違いが、明暗を分けたことの教訓は貴重である。

発表者責任者は、「過熱報道」の渦中にあって、沈着冷静さ失ってはならない。情報公開の姿勢に立ち、「ウソ情報」は発信しない。一つでも「ウソ情報」が含まれていると、発表者は信用されなくなる。マスコミ人は、ゲリラ的に独自取材を進めるので、ウソはバレる。

●マスコミ人から情報を得る「逆取材」も忘れてはならない

発表責任者は、マスコミ人が何を狙っているのか、取材の意図を速やかに察知して対処しなくてはならない。取材対象・発表責任者は、マスコミ人から情報を得る「逆取材」も忘れてはならない。適宜、記者懇談を行い、情報交換すると意外な情報が得られるうえに世論の動向、さらに政府の反応なども知ることができる。

かつて、事件が政権を揺るがせることもある。たとえば、

○山一証券事件＝佐藤政権（証券不況下、田中角栄蔵相が「日本銀行特別融資」を決断し、

危機を回避した）
○リクルート疑獄事件＝竹下政権（消費税導入に対する国民批判も受けて退陣に追い込まれる）
○山一証券自主廃業事件＝橋本政権（アメリカの要請で自主廃業に追い込み、後に橋本首相自身が、アメリカ当局の財政政策を批判して退陣に追い込まれている）
○ライブドアをめぐる証券取引法違反事件＝平成一七（二〇〇五）年九月一一日執行の総選挙に際して、ライブドアの堀江貴文社長を公認候補者として擁立しようとしたことを野党・民主党などから追及される）
何しろ、日本社会は、妬み・嫉み・嫉妬の社会……出る杭は打たれる運命にある。組織が大きくなると経営トップは、企業の末端まで目が行き届かなくなる。このときが企業にとっての危機状態でもある。組織は必然的に組織悪を生む。新興産業や新興企業が、社会・マスコミに認められるには、社会貢献しなければならない。

広報担当者は、将来の社長候補者クラスのエリート社員を配置する。広報が万全な企業の代表は、ソニー〈6758〉や松下電器産業〈6752〉であり、最悪の企業は、トヨタ自動車〈7203〉や日産自動車〈7201〉、ソフトバンク〈9984〉、セブン＆アイ・ホールディングス〈3382〉などである。広報が劣悪な企業は、マスコミに叩かれやすい。広報をはじめとする窓口業務は、いわば接客業と同じで会社の顔となる業務である。その責任を自覚している人の仕事ぶりは、それだけでその会社や役所の株を上げるものである。逆にお座なりな対応は、会社の存亡をも招きかねない。それは、格付け会社などの評価より、もっと顕著に示されている。

【銘柄選定のポイント】

■松下電器産業〈６７５２〉が製造した石油温風機から一酸化炭素が漏れ出す重大な欠陥があるとして、経済産業省は平成一八（二〇〇五）年一一月二九日、同社に対し、販売済み製品の回収や修理を行うよう緊急命令を出した。対象となった製品は二五種で、平成一七年に入って四件の事故が起き、二人が中毒症状で死亡、二人が重体となっている。命令は消費生活用製品安全法に基づくもので、昭和四九（一九七四）年の法施行以来初めてであった。山形県、北海道、青森、岩手県内が多いという。

■日本を代表する大企業である三井物産〈８０３１〉の一〇〇％出資子会社「ピュアース㈱」のＤＰＦ装置がねつ造したデータをもとに東京都の装置認定を受けて販売していたことが判明した。平成一五（二〇〇五）年一一月一八日、三井物産の内部監査で「ＤＰＦ装置を開発した担当社員がデータねつ造を告白した」と東京都に報告した。三井物産は、「助成金八〇億円は返却する」と申し出たが、東京都など自治体は、「それではすまない。刑事告発する」と拒否した。

●「ISMS」で企業の「情報管理」が評価される

ところで、これからの時代、とくに世界に進出していたり、これから進出しようとしたりしている会社であれば、経営者や管理職はもとより、全社員が従来にもまして「企業秘密」の漏えいに神経質にならなくてはならない。

世界経済のなかで活動する企業にとっては、「取引の安全」を確保し相手企業の信用と信頼を得るうえで、「世界統一のセキュリティ標準の認証」を受けている会社であるかどうかを示す重要な要件の一つになる。これも、株式投資の観点でみると、極めて重要な「材料」となっている。

国際資本市場が拡大し、国際マネー（資金）が、猛烈なスピードで目まぐるしく世界を駆けめぐっている。この厳しい商戦で勝敗を決するのが、「情報」である。

また「情報管理」は、単に「情報資産」を保護すれば事足れりというものではない。もっと広く、深く情報資産を含めて会社全体の「企業資産」に襲いかかる「脅威」に立ち向かう必要がある。現代の企業戦争は、「情報戦争」の様相を呈しており、「情報収集」に遅れを取ると、それ自体が企業の命取りにさえなりかねないからである。このため「企業資産全体」を守る立場からは、「情報」を一段高く、広くとらえて、「情報管理」しなくてはならない。

パソコン、インターネット、Eメールなどの普及により、企業資産のすべてが入力されているので、それらすべてのデータが「情報資産」であり、会社にとって最重要な価値ある存在と言ってもよい。

しかし、残念ながら、日本は欧米諸国と比べて「情報管理後進国」といわれる。中央省庁・地方官庁はもとより大企業、中小零細企業における「情報管理思想」や「情報管理体制」は、大幅に遅れていて誠にお粗末な状況にある。戦後六〇年も平和が続き「平和ボケ」しているのである。

しかも、日本は「スパイ天国」である。この産業スパイに対する法整備に先立ち、経済産業省は平成一四（二〇〇二）年四月一日から日本の企業や公官庁などが使っているコンピューターと端末であるパソコンをめぐる「情報の安全」がしっかりと守られているかどうかを評価し、認証する「ＩＳＭＳ適合性評価制度」が新たにスタートさせている。

ＩＳＭＳとは、「Information Security Management System（情報保護管理システム）」の頭文字を取った略称で、それまで日本が独自で行っていた「情報処理サービス業情報処理システム安全対策実施事業所認定制度（略称：安対制度）」を廃止して、国際水準に合わせて質的に格段にレベルの高い制度に改めている。これは、契約の相手である会社の「企業機密」に属するような重要情報がザルから流れ出るように漏洩したのでは、安心・安全・確実な取引ができないとの欧米諸国から強い要求があり、日本政府は、これに応じたのである。

いまや企業は、「ＩＳＭＳ適合性評価制度」により「認証」を受けているか否かで、「国際評価」が決まり、株価も大きな影響を受けているのである。

●「みずほ」が「情報保護管理システム」の脆弱さを世界に露呈

そういう状況下で日本の大手四大金融機関の一つである「みずほ」〈みずほフィナンシャルグループ・8411〉が平成一四（二〇〇二）年四月一日、富士銀行・第一勧業銀行・日本興業銀行の三合併し業務を開始して早々にコンピューターのシステム障害を引き起こし、日本企業の「情報保護管理システム」がいかに脆弱で不完全であるかを世界に露呈してしまった。

この不名誉な出来事を反面教師とするならば、日本企業の経営者や管理職のみならず全社員が、従来にもまして「情報管理」について懸命な努力をしなければならないという貴重な教訓を得たのであった。

●営業秘密である個人情報が漏れ続けている

次に、「顧客情報流出事件」を起こした企業をリスト・アップする。多発しているのには、驚かされる。たとえば、高度情報社会においてわたしたちは、だれでも練習さえすればコンピューター、パソコンを自由にかつ手軽に使え、インターネットで縦横無尽に情報を収集でき、そのうえこちらからも情報を簡単に発信できる。

こうした環境のなかで会社勤めしている社員が企業情報をフロッピーディスクやインターネットを通じて比較的簡単に外部に持ち出せる状況にある。企業の秘密情報は、会社内の社員から漏れることがよくある。だが、社員一人ひとりの企業情報価値に対する認識は必ずしも高くない。

顧客情報のような個人のプライバシーに直接かかわる情報が、社外に漏洩していることが世の中に知られるに及べば、そのこと自体によって企業の信用は失墜し、競争力は一気に低下してしまう。にもかかわらず、残念なことに大事な個人情報が企業内部から漏れ出ているのである。

●宮崎銀行、中央証券からも顧客情報が漏洩

宮崎銀行〈８３９３〉から顧客情報が漏洩していたことが、平成一二（二〇〇〇）年に発覚した。情報漏えいしたのは、一四九人の顧客情報だった。宮崎銀行は、警察に被害届けを提出し、一四九人の顧客宅を訪問してお詫びしている。

千葉銀行〈８３３１〉グループの証券会社「中央証券」の顧客情報が流出していたことが平成一四（二〇〇二）年五月七日判明した。ディレクトリが外部から閲覧出来るようになっていたものでCSVファイルがダウンロードできるようになっていた。ファイルは、同証券に口座開設資料を請求したことのある顧客リストで、氏名、住所、電話番号、生年月日、メールアドレスなどが約六〇人分ほど記載されていたため、「なりすまし」によるログインなども可能になっていたとの情報もある。現在は対処が完了しており、現在データの閲覧は不可能になっている。しかし、証券会社による顧客情報流出はきわめて重大な問題であり、中央証券では、十分な対

策がなされていなかった。

●ドコモ千葉支店でもアドレスもれ

平成一〇（一九九八）年一〇月ごろ、エンターテーメント市場調査大手企業のホームページで行っているアンケートに回答したユーザーの住所、電話番号などの個人情報のリストがサーバーから持ち出され、無関係のホームページで公開されているのが発覚した。

毎日新聞が、「ネット事件を追う」という記事のなかで、「ドコモ千葉支店でもアドレスもれ、漢字表記の名前で」と報道した。

日本光電〈6849〉のWebサイトに設置されている問い合わせCGIで登録される個人情報が流出していたことが平成一四（二〇〇二）年五月七日、判明している。「／admin」というディレクトリが外部から閲覧可能だったことから、サブディレクトリ内に保存されていたファイルがダウンロード出来るようになっていた。ファイルには個人情報のほか、ユーザーパスワードなども保存されていたという。現在は対処が完了しており、現在データの閲覧は不可能になっているとはいうものの、何しろ、パスワードが流出しているため、「なりすまし」によるアクセスが発生する可能性もあるという。

また、大手コンビニエンス・ストア、スリーエフ〈7544〉では平成一四（二〇〇二）年五月七日本社が実施したアンケート兼メールマガジン登録に申し込んだ応募者の情報のうち、一三〇三人分の個人情報が漏洩しているのが、発覚した。同社が三人分の個人情報が漏洩している。

●NTT西日本は「USBメモリ」を紛失した

ＮＴＴ西日本〈9432〉は、平成一七（二〇〇五）年六月二日、山口県内の顧客情報最大八万四〇〇〇分が保存された「ＵＳＢメモリ」を紛失したことを明らかにした。ＮＴＴ西日本の業務委託先であるＮＴＴマーケティングアクト山口の社員が、事務所内で紛失してしまったという。ＵＳＢメモリに記録されていたのは、ＮＴＴ西日本が提供する通話料割引サービス「イチリッツ」の受注情報で、申込商品や申込者名、電話番号などが含まれていた。口座番号は記録されていないとしている。ＮＴＴ西日本では「今後、業務委託先における自主点検を徹底させるとともに、ＮＴＴ西日本による実地監査を行うなど顧客情報管理の指導強化を図る」としている。

また、警視庁は平成一八（二〇〇六）年二月八日、みずほ銀行の顧客情報を暴力団関連会社に漏出していた疑いが強まったとして同行の元支店お客さまサービス二課長で現本店調査役の高橋芳一容疑者（五一）＝さいたま市緑区三室＝を業務上横領容疑で逮捕した。

【銘柄選定のポイント】

表沙汰になった事件のごく一部を、以下、「個人情報漏洩事件一覧」で示しておこう。

〔二〇〇三年〕

■アプラス〈8589〉のクレジットカード会員の個人情報流出（九月）

■ファミリーマート〈8028〉、一八万人の個人情報が流出（一一月）

〔二〇〇五年〕

■NTTドコモ〈9437〉、子会社がハードディスク紛失（六月）

■ソニーコミュニケーションネットワーク〈3789〉が情報流出（六月）

■NTTドコモ〈9437〉が個人情報六二名分を漏洩（六月）

■九州電力〈9508〉が個人情報を記載した書類を紛失（六月）

■NTT西日本〈9432〉が個人情報盗難に遭う（七月）

■ダイキン工業〈6367〉パソコン盗難（八月）

■みずほ信託銀行〈8404〉が顧客リストの一部流出（八月）

■キリンビール〈2503〉がノートパソコン盗難（八月）

■楽天〈4755〉市場で顧客情報漏洩（八月）

各企業の「情報管理」が万全とは考えられない現在の状況下では、情報流出事件は、おそらく今後も続発する気配である。顧客リストなどが高く売れるからである。また、海外からの産業スパイ潜入、とくに「最先端技術」の入手を目的に中国人スパイが日本国内に多数入り込んでいるとすれば、「スパイ事件」も後を絶たないと見てよい。だが、事件発生を待望するわけではないけれど、株式投資的には、「戦争は買い」と言われるのと同様に「事件は買い」なのである。

あとがき

「退却の名人」だった織田信長に学ぼう

私たち日本人が陥りやすい「思い込み」の一つに、「政治と経済」の関係についての「常識」がある。政治は、人民統治に関与し、権力行使にかかわっている政治家の動きであり、経済は、政治とは別の論理で動いていると思い込み、それが「常識」であると考えている。

だが、実際には、「政治と経済」は一体となって動いていることにとくに留意しなくてはならない。「経済」という言葉が、「経世斉民」という中国古典から生まれた言葉であることが、何よりの証拠である。政治は、人民統治を最大目的としつつ、同時に「経済」によって「民生の安定」を図るという目的も含んでいる。

この意味で、経済や景気の動向を追い、このなかで、株式投資に参戦する投資家は、「政治と経済」の相互関係から片時も目を放せないである。一言で言えば、「経済」は、自然現象のようには動いていないということである。そこには、政治家による「人為」という作用が働いており政治家の「政策意欲」によって、経済が大きく左右されるという現実がある。

このことを見逃し、「経済」を自然現象と同じように受け止めてしまうと、実際の「経済の動き」と「認識」していることとの間に「大きなズレ」を生じ、経済変動に振り回されてしまい、ひいては、正しい相場観を持つことができずに、株式投資において「判断ミス」をおかす危険に巻き込まれてしまう。

従って、株式投資に参戦する投資家は、世界のトップリーダーの言動に常に注意を払っておかなくてはならないのである。日本の小泉首相、米国のブッシュ大統領、英国のブレア首相、中国の胡錦涛国家主席らの発言や行動はもとより、一八年半も米国連邦準備制度理事会の議長を務めたグリン・スパンの後任であるバーナンキの発言も、固唾を呑んで耳を澄まして聞かなくてはならないのである。

二つ目は、株式市場の動きに対する「認識」についても、投資家の多くが、「認識のズレ」を起こしている。それは、株式市場というものが、決して「論理的に説明」できるような場所ではないということである。経済学者やエコノミストの多くは、経済の動きを科学的にとらえて、論理的に説明しようと懸命になるけれど、突き詰めていくと、「論理」が成り立たなくなる場面に逢着する。

資本主義の世界には「金融は論理的な世界」「株式は非論理的な世界」という言い方がある。金融の動きは、論理的に説明できるのに対して、株式の動きは、論理では割り切れない動きをするからである。しかも株式投資家が、昨日言ったことと、今日言うこととが、一八〇度反対のことを言ったからと言っても、だれも怪しまず、非難することはない。株式市場というものが、投資家の「売り買い」の心理が交錯する「情報戦」の「ルツボ」であるからだ。このため、株式市場は「非論理の世界」と言われるのである。

三つ目は、株式市場では、インサイダー取引のように犯罪行為として禁止されている行為はいくつかあるけれど、「善悪」が通用する世界ではない。善人も悪人も、「丁半博打」に勝ち、大儲けできれば、その瞬間から「官軍」なのである。

だが、今日の天国は、明日の天国を保証するものではない。明日は、「大損」をして「地獄」に転落するかも知れない危険を常に伴っている。その責任は、個々の投資家が負わなくてはならない「自己責任」の論理が貫かれている。他人に責任を追及しても始まらないのである。

それ故に、株式市場が血も涙もない「厳しい世界」であることを十分に承知したうえで、丁半博打の賭場に参加すべきである。この世界では「金融商品」の一つである株式のこと、信用取引などの商いの方法について「知らなかった」と後で言い訳しても通用しない。

「情報」をどう受け止め、どう「情勢判断」し、何に投資するかは、個々人の「判断と決断」に任されている。とくに注意しておかなくてはならないのは、「パソコン」のキーボードを叩きながら行う「イー・トレード」、それも「デイ・トレイド」で個人戦を繰り返している投資家の姿勢と態度についてである。以前のように証券会社の営業マンの意見や指南に左右されることがない半面、あらゆる情報判断を自分一人で行わなくてはならないので、とかく、激しく動く「株価の変動」のみにとらわれ、それに没頭していると、どうしても「ゲーム感覚」に陥り、相場の全体的な動きが見えなくなる。

「木を見て森を見ず」という言葉があるように、この場合、複数の銘柄に投資していると、情報や値動きに翻弄され、何が何だかわからなくなり、自分自身を見失ってしまう危険がある。

これは、短期勝負をかける場合によく陥りがちな「落とし穴」でもある。

株式相場で失敗しない最善の方法は、「見切り千両」「腹七分目」などのごく常識的な言葉を忘れないことである。優秀な経営者に共通している特質は、「逃げ足の早さ」である。ソフトバンク社長の孫正義にしても、「村上ファンド」の村上世彰にしても、「危険」を察知すると素早く逃げている。戦国時代の織田信長が「退却の名人」だったことが想起される。

むしろ、小刻みに売り買いを繰り返す戦術、言い換えれば「尺取虫」戦術こそが、最後には勝利の女神の微笑みを得る最善の方法とも言える。安値のところで買い、少し値が上がれば売り、また値が下がれば買い、少し上がれば売るという動作を繰り返していくのである。

ただし、底値で買い集めていた外人投資家たちが、「売り時」を狙っている場合が多いので、注意を怠ってはならない。外人投資家たちは、「売り逃げの名人」であるからである。

さらに、最近、「ミニバブル」という言葉が、経営者や証券マンらの口から喧伝されるようなっているけれど、だれもが浮かれる「花見酒経済」というものは、決して長続きはしていかないものである。猫も杓子も株式投資に向けて賭け出すようなときは、「もうピーク」と見なくてはならない。いかに景気が回復し「大勢上昇軌道」に乗っているからといっても、この「上昇」が未来永劫、いつまでも続いていくわけではないという最も基本的なことを忘れてはならない。

これらのことに用心しつつ、かつ、日本経済の将来に夢を託しながら株式投資するなら、「確実に儲けるチャンス」に恵まれるはずである。

二〇〇六年三月一日

板垣英憲

板垣英憲（いたがき・えいけん）

昭和21年8月7日、広島県呉市生まれ。中央大学法学部法律学科卒業。毎日新聞東京本社入社、社会部、浦和支局、政治部、経済部に所属。首相官邸、総理府、通産省、公正取引委員会、東京証券取引所、野村証券、野村総合研究所などを担当。昭和60年6月、評論家として独立。執筆・講演活動に入る。

主な著書に『株式投資プロの裏読み』（経済界）『野村証券』（ぱる出版）『カルロス・ゴーンに学ぶ改革の極意』（KKベストセラーズ）「戦略カンパニー・ソニーの軌跡と出井伸之』（秀和システム）『ユダヤ株で儲けろ！」（経済界）『村上世彰「私の挑戦」』（あさ出版）『戦国自民党50年史』（花伝社）など多数ある。

現在、中央大学「学員会」「南甲倶楽部」「真法会」各会員、東証ペンクラブ会員。

株を撃て！　株式投資の心理学

2006年3月22日　初版第1刷発行

著者 ――― 板垣英憲
発行者 ―― 平田　勝
発行 ――― 花伝社
発売 ――― 共栄書房
〒101-0065　東京都千代田区西神田2-7-6 川合ビル
電話　03-3263-3813
FAX　03-3239-8272
E-mail　kadensha@muf.biglobe.ne.jp
URL　http : //www1.biz.biglobe.ne.jp/~kadensha
振替 ――― 00140-6-59661
装幀 ――― 佐々木正見
印刷・製本 ― モリモト印刷株式会社

ISBN4-7634-0461-X C0033